Johannes Staemmler (Hg.)
Wir machen das schon

Johannes Staemmler (Hg.)

WIR MACHEN DAS SCHON

Lausitz im Wandel

Ch. Links Verlag

Dieses Buch ist im Rahmen des Projekts »Sozialer Strukturwandel und responsive Politikberatung in der Lausitz« am Institut für transformative Nachhaltigkeitsforschung (Institute for Advanced Sustainability Studies, IASS) in Potsdam entstanden. Die Herausgeberschaft für das Institut hat Dr. Johannes Staemmler übernommen. Das Buch erscheint mit freundlicher Unterstützung des Bundesministeriums für Bildung und Forschung (FKZ 03SF0561).

Auch als ebook erhältlich

Die Deutsche Nationalbibliothek verzeichnet diese Publikation in der Deutschen Nationalbibliografie; detaillierte bibliografische Daten sind im Internet über www.dnb.de abrufbar.

Der Ch. Links Verlag ist eine Marke der Aufbau Verlag GmbH & Co. KG

1. Auflage, Februar 2021
© Aufbau Verlag GmbH & Co. KG
www.christoph-links-verlag.de
Prinzenstraße 85 D, 10969 Berlin, Tel.: (030) 44 02 32-0
Umschlaggestaltung: Nadja Caspar, unter Verwendung eines
Fotos von Tine Jurtz: Kraftwerk Schwarze Pumpe, 2020
Alle Fotos im Buch: Tine Jurtz
Karte: Peter Palm, Berlin
Satz: Nadja Caspar, Ch. Links Verlag
Druck und Bindung: Druckerei F. Pustet, Regensburg
Gedruckt auf säurefreiem, alterungsbeständigem Papier

ISBN 978-3-96289-115-2

Inhalt

9   Die große Transformation beginnt im Kleinen
Eine Einleitung von Johannes Staemmler und
Frauke Haupenthal

19   Mit Herz und Bagger
Ein Porträt der Baggerführerin Silke Butzlaff –
von David Löw Beer

29   Wir brauchen Mutbilder
Die Spremberger Bürgermeisterin Christine Herntier
und ihre Tochter Janine Herntier, eine Lausitz-Rückkehrerin,
im Gespräch mit Johannes Staemmler

47   Wird wieder nichts gewesen sein?
Das Stadtprojekt »Modellfall Weißwasser«
in der Oberlausitz als Labor für neue Formen
des Miteinanders – von Stefan Nolte

61   Ein Dorf braucht Kümmerer
Der Bürgermeister von Njebjelčicy/Nebelschütz fördert
seit drei Jahrzehnten eine »enkeltaugliche« Gemeindeentwicklung – von Theresa Jacobs und Fabian Jacobs

75   Perspektive Boxberg
Wie Beteiligung in der Lausitz gelingen kann –
von Manuela Kohlbacher und Markus Füller

87 Strukturwandel ist kleinteilig, konkret
und manchmal mühevoll
Die sorbische Pfarrerin Jadwiga Mahling aus Schleife
im Gespräch mit Sînziana Schönfelder

101 Mit Lust in die Provinz
Die Raumpioniere Arielle Kohlschmidt und Jan Hufenbach
locken Menschen aus den Großstädten in die Oberlausitz

115 Dilemma als Chance?
Der Architekt und Projektleiter des IBA-Studierhauses
Karsten Feucht über die Potenziale der Wahrnehmung

129 Vom Waffenlager zur Bettwäscheausgabe
Überraschungen in der ehemaligen Pforte des Alten Kühlhauses in Görlitz – von Julia Gabler

139 Der lange Weg zur Bürgerregion
Mit dem Verein Lausitzer Perspektiven bringt die Neu-Radduscherin Dagmar Schmidt die vielfältige Zivilgesellschaft zusammen

153 Wandel, Konflikt und Protest
Im Mobilen Beratungsteam arbeitet Daniel Krüger mit
den Menschen vor Ort für den Erhalt des sozialen Friedens
und ein demokratisches Gemeinwesen

169 Die ganze Welt in Bischofswerda
Aus Kasachstan über Dresden kam Angelina Burdyk nach
Bischofswerda, wo sie den interkulturellen Verein Mosaika
mitgründete

181 Offene Werkstätten
Im Cottbuser FabLab entstehen durch Maximilian Voigt,
Martin Koll und viele andere neue Lösungen aus eigener Hand,
aber auch Gemeinschaft

191 Ein Korb voll Glück
Wie man die Lausitz kulinarisch erfahren kann,
erzählt Anja Nixdorf-Munkwitz

205 Strukturwandel von unten
Franziska Schubert und Annett Jagiela machen Politik
in der Oberlausitz

221 Anhang
Dank
Die Beteiligten

Frauke Haupenthal und Johannes Staemmler

Die große Transformation beginnt im Kleinen

Eine Einleitung von Johannes Staemmler und Frauke Haupenthal

Die Lausitz erfahren

Schwül kündigt sich ein Gewitter an. Schon seit einer Stunde fahre ich, Johannes, auf die tiefhängenden Wolken zu, am ersten Tag meiner Radreise im Juni 2020 durch die Lausitz. Die Fahrt auf dem Oder-Neiße-Radweg zwischen Forst und Bad Muskau/ Łęknica ist schweißtreibend und einsam. Obwohl die Sommerferien gerade begonnen haben und die Covid-19-Pandemie Fernreisen eigentlich unmöglich macht, bin ich hier in diesem Teil der Lausitz allein.

Als der Regen beginnt, meckert es von der Seite her, wo einige Ziegen unbeeindruckt an der Grasnarbe zupfen. Gegenüber finde ich den Eingang zu einem Ziegenhof, der reichlich zugewachsen daherkommt. Da ich einen Unterschlupf brauche, kehre ich ein. Etwas unfreiwillig lege ich eine Pause ein und erlebe eine dieser Szenen, die mehr über die Lausitz erzählen als alle Artikel und Reden zum Kohleausstieg in den letzten Jahren. Ob nun gute oder wiederum schlechte Zeiten anbrechen, wenn Block für Block die Kohlekraftwerke abgeschaltet und damit die Förderung nutzlos wird, hängt sehr vom Standpunkt des Betrachters ab.

Kaffee kann man auch mit Ziegenmilch trinken, lerne ich. Spaziergänger aus Bad Muskau nehmen noch etwas Käse mit. Klaus-Bernd Günther, der aussieht wie der in Würde gealterte Dude aus »The Big Lebowski«, und seine Frau haben hier vor 20 Jahren mit dem Eintritt in die Rente einen Hofladen eröffnet. Sie vermissten Ziegenkäse in der Gegend und besorgten sich das nötige Wissen, wie man diesen selber macht, in Frankreich. Günther kam Anfang der 1990er-Jahre als Fachmann für Jugendarbeit aus Norddeutschland nach Brandenburg. Ein Leben voller Aufbau, Ausprobieren und Anpacken, von dem er mit Leidenschaft erzählt. Dies ist nun die letzte Saison, denn die Arbeit mit den Ziegen ist zu beschwerlich geworden. Ich verabschiede mich mit Proviant im Gepäck – und der aufgefrischten Erfahrung, dass die Lausitz mehr durch ihre Bewohner*innen zu erfahren ist als durch alles andere.

Seit 2018 sind wir, Frauke und Johannes, oft in der Lausitz unterwegs gewesen, weil wir gemeinsam mit unseren Kolleg*innen am Institut für Advanced Sustainability Studies (IASS, Institut für transformative Nachhaltigkeitsforschung) in Potsdam der Frage nachgehen, wie Strukturwandel in der Lausitz auf soziale und gerechte Weise gelingen kann. Wir sind Forschende, die per Bahn, mit dem Rad, zu Fuß oder manchmal auch im Auto in der Lausitz dem Wandel auf der Spur sind. Wir sind aber auch Menschen, die gerade im Austausch mit vielen in der Lausitz erfahren, dass eine nachhaltigere Zukunft nur in gemeinsamer Verantwortung und unter Berücksichtigung der individuellen und kollektiven Ausgangslagen möglich ist.

Wo geht es hin mit der Lausitz?

Prominent ist die Lausitz in den letzten Jahren geworden, weil sie – neben dem Rheinischen und dem Mitteldeutschen Revier – eines von drei kohlefördernden Bergbaugebieten ist, die bis 2038 genau damit zum Ende kommen sollen. Und der Kohleausstieg ist richtig, damit wir als Gesellschaft überhaupt eine Chance haben, die Erderwärmung im Griff zu behalten. Bundesregierung und Bundestag haben dafür 2020 ein Gesetzespaket beschlossen, das den Ländern Sachsen und Brandenburg bis 2038 insgesamt 17 Milliarden Euro für die Oberlausitz und die Niederlausitz zur Verfügung stellt. Kohle gegen Kohle, lautet der Deal.

Es ist eine Kompensation dafür, dass dieser für die Region immer noch zentrale Wirtschaftszweig wegfallen wird. Es ist aber auch ein Startkapital – eine Wette auf die Zukunft –, das die beiden Länder, die Landkreise und die Kommunen nutzen können, um neue Entwicklungspfade aufzutun und auch zu gehen.

Können sie das überhaupt? Worauf gründet sich denn die Wette, dass eine im 19. und 20. Jahrhundert industriell überformte Teichlandschaft mit drastischem, postsozialistischem Anpassungsschwund weitab der Metropolen überhaupt eine Relevanz entwickelt? Müssten wir nicht der Tatsache ins Auge sehen, dass gleichwertige Lebensverhältnisse nicht überall auch nur annähernd hergestellt werden können? Gibt es in der Lausitz überhaupt intellektuelle, kulturelle, wirtschaftliche und soziale Potenziale, auf die ein erneuter Strukturwandel setzen kann? In Fragen dieser Art, hier besonders drastisch formuliert, spiegeln sich fundamentale Missverständnisse wider, die in fast allen Diskussionen über die Lausitz und den anstehenden Strukturwandel thematisiert werden. So kann es passieren, dass ein *Spiegel*-Reporter im Winter 2019 durch die Lausitz fährt und kaum einen findet, der mit ihm reden will. Also schließt er daraus, dass das mit dem Strukturwandel eine schwere Sache wird.

Die Voraussetzungen für die Jahre 2020 und folgende sind aber ganz andere als 1990. Mit großen Erwartungen und dem Rückenwind kollektiver Selbstwirksamkeit aus dem Herbst 1989 wurde die deutsche Vereinigung in den nun »neuen Bundesländern« gefeiert. Auch in der Lausitz. Aber die blühenden Landschaften blieben aus. Stattdessen verloren fast 90 Prozent der Kohlebeschäftigten in der Lausitz ihren Job, und zahlreiche andere Industrien gingen ebenfalls in die Knie. Ein Beispiel: Das Kraftwerk Schwarze Pumpe hatte Ende der 1980er-Jahre 15 000 Arbeitsplätze, 2018 waren es noch 3500. Die Bevölkerung der Lausitz schrumpfte um fast ein Drittel.

Der Strukturbruch der 1990er-Jahre ist zwar bewältigt, aber die Erinnerungen an ihn sind es nicht. Geblieben sind zwei

Grunderfahrungen, die, wenn sie gemeinsam auftreten, eine veritable Veränderungsunlust zur Folge haben: Erstens besteht der begründete Zweifel, dass die Versprechen einer neuen Zukunft tatsächlich eingehalten werden. Oft haben wir im Rahmen unserer Forschung von Interviewpartner*innen in der Region gehört: Können wir nicht erstmal das bewahren, was wir haben? Zweitens gibt es eine Skepsis gegenüber jenen, die als Veränderungsexpert*innen auftreten und – zumindest damals – weder aus der Lausitz noch aus dem Osten kamen. Es ist eine Erfahrung des Behandeltwerdens, deren Gegenreaktion – Arme verschränken, nicht beteiligen, auflaufen lassen – leichter zu aktivieren ist als das wirksame Anpacken.

Der nun beginnende Strukturwandel wird anders verlaufen als der letzte. Die überhöhten Erwartungen von damals sind einem pragmatischen Realismus bei Aktiven, Engagierten, Unternehmer*innen und Verwaltungsangestellten gewichen. Es geht nicht mehr darum, die Erwartungen anderer zu erfüllen, sondern in Kooperation miteinander oder im Wettbewerb den nächsten Schritt zu gehen. Der Anthropologe und Hoyerswerda-Experte Felix Ringel bezeichnet dies als die Gestaltung der unmittelbaren Zukunft. Weder minimiert die DDR-Erfahrung der Älteren noch verhindert die Strukturbruchbewältigung fast aller Menschen die Entdeckung und das Gestalten von Handlungsspielräumen in der Gegenwart. Auch sind blumige Utopien vom Neuland Lausitz, in dem nun alles möglich sei, nicht der Motor für heutiges Handeln. Vielmehr ist es der individuelle Antrieb, sich die Zukunft in der unmittelbaren Umwelt anverwandeln zu wollen und zu können. Der Strukturwandel wird genau diese Qualitäten herausfordern.

Missverständnisse benennen

In diesem Buch zeigen wir, dass es weder die eine Lausitz noch den typischen Lausitzer oder die eindeutig definierbare Lausitzerin gibt. So trivial diese Erkenntnis ist, so oft muss sie wiederholt werden. Die 15 Beiträge in diesem Band versammeln ganz unterschiedliche Perspektiven von Menschen, die mindestens einen Teil ihres Lebens in einem Teil der Lausitz verbringen. Was als relevant erachtet wird, hängt vom individuellen Standpunkt ab, der biografisch, kulturell, sozial und geografisch geprägt ist. Die vermeintlich mühsame Übung, sich mit einer Vielfalt von Ansichten auseinanderzusetzen, ist aber unerlässlich, um nicht einen immer wieder auftauchenden Fehler zu begehen: Wer, am besten noch aus Dresden, Potsdam oder Berlin, über die Lausitz spricht, erzeugt eine Erzählung, die zu oft losgelöst von der Wirklichkeit in der Region ist. Ein Merkmal des Strukturwandels wird es sein, dass die Lausitzer*innen selbst über sich und ihre Region sprechen und damit die Definitionshoheit über Erfolg und Misserfolg in die eigene Hand nehmen.

Das zweite Missverständnis ist konzeptioneller Natur: Wie kommt das Neue in die Welt? Welcher Art wird es sein? Wer werden die Autor*innen, Gründer*innen oder Erfinder*innen sein? Die 17 Milliarden Euro aus dem Bundeshaushalt für Investitionen in der Lausitz bringen nur dann etwas, wenn sie Eingang in das regionale Gefüge aus Organisationen, Strukturen und Menschen finden, die dadurch in die Lage versetzt werden zu gestalten. Ein beträchtlicher Anteil davon wird in Schienen, Straßen, Forschungsinstitute und Behörden gehen. Das ist sicherlich gut, aber nicht neu. Weitere Mittel stehen wiederum den Ländern zur Verfügung, die im besten Fall in Zusammenarbeit mit den Menschen vor Ort investieren, Projekte identifizieren und entwickeln. Lokale und regionale Impulse mit erkennbarer Wirkung werden genau dort entstehen, wo vor der Verwendung dieser Mittel ein echter Dialog mit allen Beteiligten und Betroffenen entstand. Einfach gesagt: Die Lausitzer*innen müssen sich streiten dürfen darüber, wie ein Teil der Strukturwandelmittel verwendet wird. Wo kann man die eigene Zukunft unmittelbar mitgestalten? Dadurch entsteht eine Vielzahl von Ansätzen, von denen sicher einige auch nicht gelingen werden. Aber es geht darum, den Strukturwandel auch als Möglichkeit zu begreifen, lokale Verantwortungsgemeinschaften für die eigene Sache zu stiften. Das beugt nicht nur Korruption, politischer Entfremdung und sozialer Isolation vor, es schafft auch eine widerstandsfähigere Gesellschaft, die in einer lebendigen Demokratie miteinander lebt, arbeitet und streitet.

Der Maßstab für Erfolg im Strukturwandel wird auch in der Region selbst geschaffen. Natürlich möchten die Bundes- und die Landesregierungen Industriearbeitsplätze schaffen, die Wirtschaft diversifizieren, lokale Attraktivität erhöhen und mehr Nachhaltigkeit in die Region bringen. Das müssen sie auch. Aber es geht auch darum, dass der Wandel individuellen und kollektiven Bedürfnissen von Gerechtigkeit Rechnung trägt, die oft weit auseinanderliegen. Die Lausitz wird niemals eine den Metropolen vergleichbare Wirtschaftskraft aufweisen. Und das muss sie auch nicht, denn sie bietet ihren Bewohner*innen oft genau das, was die Großstädte nicht gerade im Übermaß haben: Natur, Überschaubarkeit, Mitgestaltungsmöglichkeiten, soziale Nähe und regionale Identität.

Über dieses Buch

Wir können in diesem Buch die Missverständnisse zur Lausitz nicht auflösen. Vielleicht tragen wir sogar zu einigen bei, denn auch wir bleiben als Wissenschaftler*innen Außenstehende, die bewusst oder unbewusst Bewertungen und Kategorisierungen vornehmen. Doch in mehreren Jahren der Forschung und Beratung zum Strukturwandel, insbesondere in der Lausitz, hat sich unsere Perspektive weiterentwickelt. Wer oder was die Lausitz ist und wie ihre Zukünfte entstehen, ist eine Angelegenheit derer, die in der Lausitz leben und arbeiten. Deswegen haben wir zahlreiche Menschen eingeladen, ihnen wichtige Aspekte für den Strukturwandel zu formulieren.

Dieses Buch ist weder ein Forderungskatalog an die Politik noch eine Sammlung süßlicher Homestorys aus der Provinz. Es ist ein Kaleidoskop von Menschen, die in der Lausitz leben und arbeiten. Sie gestalten an unterschiedlichen Orten und mit durchaus verschiedenen Vorstellungen ihre Lausitz. Wir sagen – und damit stiften wir vielleicht das nächste Missverständnis –, sie alle sind relevant im Strukturwandel. Strukturwandel ist mehr als das Schaffen neuer Arbeitsplätze. Bürger*innen, die mit ihren Vorstellungen ihr Leben gestalten, wirken auf ihr Umfeld und verändern es. Dadurch entstehen neue Strukturen der (Selbst-)Wirksamkeit.

Der Nachhaltigkeitsforscher David Löw Beer sprach mit Silke Butzlaff über ihr Leben auf dem Bagger im Tagebau. Bürgermeisterin Christine Herntier und ihre Tochter Janine Herntier diskutieren mit Johannes Staemmler, wie Herkunft die eigene Position in der Region prägt und dass Anpacken schon immer eine Option gewesen ist. Mit einem Stadttheater hat Stefan Nolte Weißwasser erkundet, eine wunderbare Lockerungsübung, die zeigt, wie künstlerische Aktivität lokales Engagement inspiriert. Im sorbischen Nebelschütz/Njebjelčicy beobachten Theresa und Fabian Jacobs, wie eine nachhaltige Dorfentwicklung möglich ist, wenn sich viele Einwohner*innen gemeinsam kümmern. Manuela Kohlbacher und Markus Füller begleiten einen Beteiligungsprozess in Boxberg und fragen sich, ob es die eine Zivilgesellschaft jenseits aller anderen gesellschaftlichen Teilbereiche überhaupt gibt. Jadwiga Mahling, die Pfarrerin von Schleife, erzählte Sînziana Schönfelder von Predigten an der Tagebaukante und dem Wandel im Kleinen, den sie begleitet. Mit ähnlich großem Elan leben und handeln Jan Hufenbach und

Arielle Kohlschmidt, die mit ihrer Raumpionierstation gezielt Städter einladen, in die Lausitz zu kommen – und zu bleiben. Wie er die Welt aus der Sicht anderer wahrnehmen gelernt hat und warum das gerade hier in der Lausitz wichtig ist, hat Karsten Feucht vom IBA-Studierhaus in Großräschen aufgeschrieben. In der Neugestaltung der Pforte des Kühlhauses Görlitz findet Julia Gabler eine unglaubliche Geschichte, in der Altes zum Neuen geformt wird. Dagmar Schmidt arbeitet seit Jahren daran, dass sich zivilgesellschaftliche Akteure zur Plattform »Bürgerregion« zusammenschließen und dadurch ansprechbar für die Politik werden. Dass die Lausitz auch immer wieder Ort von Protesten ist, analysiert der Ethnologe Daniel Krüger und begründet, warum auch diese zum Wandel gehören. Angelina Burdyk leitet in Bischofswerda den Mosaika e.V. und zeigt, wie Zuwanderung heute wieder die Region bereichert. Maximilian Voigt und seine Mitstreiter*innen vom FabLab in Cottbus sind der beste Beleg dafür, dass in den offenen Werkstätten nicht nur Fahrräder repariert und Covid-19-Masken genäht werden, sondern auch Gemeinschaft und eine Kultur der Nachhaltigkeit entstehen. Anja Nixdorf-Munkwitz ist überzeugt, dass man Landschaft kennenlernt, wenn man sie isst. Schließlich braucht es politisches Engagement mit Leidenschaft für die Region und ihre Menschen, so wie es nicht zuletzt Franziska Schubert und Annett Jagiela beschreiben. Es sind viele, oft jüngere Frauen – das liest man auch in diesem Buch –, die sich mit Herz, Witz und viel Erfahrung für eine Zukunft in der Lausitz starkmachen.

Eigentlich gehören noch viel mehr Menschen, Geschichten und Orte in dieses Buch. Viele Themen, die es verdienen, vertieft zu werden, haben wir nur gestreift. Doch wenn beim Lesen eine Ahnung, wie viel es zu entdecken gibt, entsteht und wir neugierig auf mehr machen, haben wir viel erreicht.

Im Herbst 2020 trafen sich fast alle an diesem Buch Beteiligten – sie kamen aus Forst, Zittau, Spremberg, Görlitz und

Klein Priebus – im ehemaligen Dieselkraftwerk in Cottbus, das heute das Brandenburgische Landesmuseum für moderne Kunst beherbergt. Bei Kuchen, Kaffee und Melone sowie mit Maske wagte sich jeder mit seiner Geschichte in diese kleine Öffentlichkeit. Alle Anwesenden gestalten nicht erst seit gestern die Lausitz mit. Natürlich wird der Strukturwandel gelingen, daran bestand an diesem Tag kein Zweifel. Niemand hat diesen Satz ausgesprochen, und doch beschreibt er am besten, was die Beteiligten verbindet: Wir machen das schon.

Die Baggerführerin Silke Butzlaff

Mit Herz und Bagger
Ein Porträt der Baggerführerin Silke Butzlaff – von David Löw Beer

In ihrer Jugend wollte Silke Butzlaff eigentlich nicht in den Bergbau. Nun steuert sie seit 37 Jahren den ältesten noch im Betrieb befindlichen Eimerkettenbagger in der Lausitz und ist doch Bergarbeiterin geworden. Seitdem die Gesellschaft der Kohle zunehmend kritisch gegenübersteht, engagiert sie sich in zahlreichen öffentlichen Aktionen und mit eigenen Fotos für einen respektvollen Umgang mit dem Bergbau und für ganz unterschiedliche Personengruppen unserer Gesellschaft.

Vor unserem ersten Treffen im Sommer 2019 am Rathausplatz in Spremberg waren wir beide etwas aufgeregt, wie wir uns später eingestehen. Es trafen zwei Welten aufeinander, die sich nur selten begegnen, außer im öffentlichen Streit über die Kohle: ein, wie sie sagt, »Doktor« von einem Forschungsinstitut für Nachhaltigkeit und eine Beschäftigte im Bergbau.

Wir gehen in ein Café, und Silke bietet mir gleich zu Anfang das Du an. Es ist ihr sonst so formell. Sie beginnt zu erzählen: »Ich bin 36 Jahre …« und macht eine kurze Pause. Ich sage: »Ich auch.« Sie ist überrascht, das habe sie nicht gedacht. Dann vervollständigt sie ihren Satz, und es stellt sich heraus, dass sie so lange im Bergbau tätig ist, wie ich auf der Welt bin. Wir lachen und das Eis zwischen uns ist zumindest angebrochen.

Nach wenigen Sätzen sprechen wir über den Strukturwandel. Silke macht dieser Angst. Es gebe keinen Plan, wie es mit dem Energiesystem weitergehen könne. Deutschland brauche den Kohlestrom als Grundlast. Atom höre auf, erneuerbare Energien könne man noch nicht speichern. Ohne Kohle könnte es einen Blackout geben.

Silke ist klar, dass die Entscheidungen getroffen sind und die Kohleverstromung in nicht allzu ferner Zukunft zu Ende gehen wird. Was muss bis dahin geschehen? Nach ihrer Ansicht sind neue Industriearbeitsplätze zu schaffen. Und das müsse jetzt anfangen. Wenn nicht, werde die Lausitz zum Armenhaus. Niemand würde dann mehr hier wohnen wollen. Sie rät jungen Kolleginnen und Kollegen mittlerweile, darüber nachzudenken, inwieweit sie in der Kohle weiterarbeiten oder sich doch umorientieren wollen, da der Bergbau zu Ende gehe und ständig auf der Branche und ihren Beschäftigten herumgetrampelt werde. Eine Jobalternative in der Nähe sei Siemens, aber dort würden nicht alle unterkommen. Sie hofft, dass durch das neue Werk von Tesla in Grünheide neue und gute Jobs geschaffen werden. Wegen der Nähe des Werkes zu Berlin ist sie allerdings skeptisch, ob die Lausitz davon profitieren wird.

Von Politik verstehe sie nicht viel, sie halte auch nicht viel davon. Die großen Parteien böten keine Perspektiven. Und dann habe man nur noch Grüne und AfD. Sie habe die AfD nicht gewählt, aber ein Großteil der Lausitzerinnen und Lausitzer habe sie gewählt. Silke findet, die AfD sei »das Schlimmste« für die Lausitz. Die AfD sei gegen Kohle. In der Lausitz sagen sie, sie seien dafür, aber eigentlich wolle die AfD die Atomkraft zurück. Antworten für den Strukturwandel hätten sie keine.

Nach einer Stunde verlassen wir das Café, weil Silke mir den Weinberg am Tagebau Welzow zeigen will. Ich soll sehen, dass der Bergbau keine Mondlandschaften hinterlasse. Ich kenne den Weinberg bereits. Er ist ein beliebter Ort bei den Führungen der Lausitz Energie AG (LEAG). Eine solche Führung haben wir mit unserem Forschungsprojekt bereits besucht. Der Hang wurde künstlich aufgeschüttet, und die LEAG ist stolz, dass man ihn gemeinsam mit Wissenschaftlern gestaltet hat. Trotzdem bin ich gespannt darauf, was Silke mit dem Weinberg verbindet.

Wir laufen die letzten hundert Meter zum Weinberg hinauf. Die Straße führt durch einen Wald. Silke erzählt von den vielen Vögeln, die sie an ihren freien Tagen beobachte und fotografiere. Sie zeigt mir auf ihrem Handy ein Foto von einem majestätischen schwarzen Milan. Sie berichtet auch von Einzelwölfen und -rudeln, denen sie begegnet. Einmal habe sie im Tagebau fünf Meter vor einem Wolf gestanden. Ein wunderschönes Tier, wie sie findet. Sie könne nicht verstehen, dass man ihn töten wolle. »Wer ist zuerst hier gewesen, der Mensch oder das Tier?« Auf dem Berg erzählt sie, wie gut der Wein vom Wolkenberg schmecke. In der Zeit, in der sie noch Alkohol trank, habe sie ihn probiert. Eine Gruppe Winzer und LEAG-Beschäftigter hatte am Stammtisch beschlossen, den Hügel in Südlage für den Weinbau zu nutzen. 2005 wurde ein Projekt mit 99 Reben gestartet.

Vom Weinberg aus betrachtet hat der Tagebau eine gewisse Ästhetik. Im Vordergrund sieht man den Hügel, auf dem die Weinreben gedeihen. Deutlich weiter hinten ragen Bagger und eine der bekannten F60-Brücken[1] aus der umgegrabenen Landschaft. Sike erzählt, wie genau geplant wird, wo die Erde, die an einem Ort weggenommen wird, wieder hinkommt, sodass es am besten für die Natur sei. Als die Fläche, die jetzt Weinberg ist, weggebaggert wurde, war sie auch schon im Bergbau beschäftigt. Sie verdrängt die Vorstellung, recht bald schon nicht mehr auf »ihrem Bagger« zu sitzen. Dieser soll 2022 nach dann 66 Jahren ausgemustert werden. Sichtlich berührt sieht sie eine Weile auf den Boden. Mehrfach machen Silke und ich einen Termin aus, bei dem sie mir »ihren Bagger« zeigen möchte. Aufgrund der Kontaktbeschränkungen wegen Covid-19 kommt ein solcher Besuch allerdings nicht zustande.

Wir schauen uns den Gedenkstein für das alte Dorf Wolkenberg (1353 bis 1991) an. Silke kannte das Dorf noch. Natürlich beschäftigten auch jeden Bergarbeiter die Schicksale der Menschen, die umgesiedelt werden mussten. Es tue ihr leid, wenn Menschen das verlieren, was sie aufgebaut haben. Sie findet es gut, dass Menschen heute, im Gegensatz zur DDR-Zeit, angemessen entschädigt werden. Man solle ihnen alle Wünsche erfüllen. Schmunzelnd erzählt sie, dass Spremberg jetzt wohl nicht mehr abgebaggert würde, was in den 1980er-Jahren noch geplant gewesen sei. Unter Spremberg liege nämlich das beste Kohleflöz.

Auf dem Rückweg zum Auto beginnt Silke, von der Zeit in der DDR zu erzählen. Eigentlich wollte sie Kindergärtnerin werden. Als Jugendliche im Bergbau Blasen an den Händen zu bekommen, sei nicht so toll gewesen. Aber Erzieherin hätte man nur als SED-Parteimitglied werden können. Das wäre für sie nicht gegangen. Erst nach einigen Jahren sei sie mit Leidenschaft Bergfrau geworden. Auch sonst berichtet sie wenig Positives von der DDR. Die Leute hätten vor Weihnachten stundenlang vor dem Konsum für drei Apfelsinen angestanden, die ihr auch heute noch nicht schmeckten. Die Stasi habe es gegeben, und es sei »viel Schlimmes« passiert. Relativierend fügt Silke hinzu, dass jeder Staat eine Geheimpolizei habe.

Sie erzählt auch von dem Fall der Mauer. Sie hatte Schicht, als die Meldungen aus Berlin kamen. Zunächst waren alle erstmal verwirrt und verunsichert, was das jetzt bedeutete. Dann beschlossen sie weiterzuarbeiten. Ein paar Wochen später besuchte Silke ihre Großeltern in Hamm in Westfalen. Und dann fuhr sie zum Ku'damm nach West-Berlin. Den wollte sie unbedingt einmal sehen. Aber die vielen Geschäfte überforderten sie und sie war froh, wieder zurückfahren zu können.

In den 1990er-Jahren wurde es schwierig im Lausitzer Bergbau. Es gab zwei große Entlassungswellen. Silke ging davon aus, dass auch sie ihren Job verlieren würde. Es gab ein Punktesystem. Sie habe Punkte für 15 Jahre Betriebszugehörigkeit und »verheiratet« bekommen, aber weil sie keine Kinder hatte, dachte sie nicht, dass es für sie reichen würde. Als ihr die Weiterbeschäftigung angeboten wurde, überlegte Silke mehrere Wochen, ob sie das annehmen könne, während Kolleginnen mit Kindern ihren Job verloren. Sie sprach mit ihrem Mann und ihrer Familie. Schließlich hat sie sich für das Angebot entschieden, denn sie denkt, sie habe nicht darüber zu entscheiden, wer weiterbeschäftigt wird. Daraufhin wurde Silke oft angefeindet.

Ein prägendes Ereignis waren für Silke die Blockade des Tagebaus und des Kraftwerks Schwarze Pumpe durch »Ende Gelände« 2016. Damals sei man überrannt worden. Es wurde gedroht, die Kohleverladung anzuzünden. Man habe zwar in wenigen Stunden mehr als 400 LEAG-Beschäftigte in einer WhatsApp-Gruppe versammelt. Trotzdem mussten sie zusehen, wie das Gelände gestürmt wurde. Sie fühlten sich bedroht, versuchten die Maschinen zu sichern und waren bis in die Nacht unterwegs. Silke wiederholt mehrfach, dass es schwierig war, ruhig zu bleiben. Sie liefen mit Handys umher, um Fotos und Videos zu machen. Einige davon zeigt sie mir. Man sieht eine verwüstete Toilette und eine Menschenmasse auf den Schienen. Sehr geärgert hat Silke sich über eine Kommunalpolitikerin der Linken, die sich mit den Aktivisten im Gleis gezeigt habe. Die sei aber nun zum Glück weg.

Nach der Aktion von »Ende Gelände« begann sich Silke in einer Reihe von Facebook-Gruppen zu engagieren, die sich für den Bergbau einsetzen. Die wichtigste davon ist aktuell die »Initiative zur Erhaltung der Deutschen Bergbaureviere«. Gut 6000 Menschen haben sie abonniert, sodass mehr als 100 000 Personen erreicht werden. Die Gruppen gibt es zwar schon länger, aber nach der Aktion von »Ende Gelände« im Lausitzer Revier haben sie starken Zulauf. Auch wurde ein intensiver Austausch mit den anderen Braunkohlerevieren aufgebaut. Hier werden täglich aktuelle Entwicklungen diskutiert. Auch die Lausitz und viele Lausitzerinnen und Lausitzer werden vorgestellt. Die Region verbinden viele ja hauptsächlich mit den Tagebaulöchern. In einer Serie sollen beispielsweise die Winzerin vom Weinberg Wolkenberg, Mitarbeiterinnen und Mitarbeiter aus verschiedenen Berufen im Tagebau sowie die Spremberger Bürgermeisterin Christine Herntier porträtiert werden. Man ließ sich die Gruppen von der LEAG-Leitung genehmigen, der Vorstand der LEAG dürfe in Gruppen posten und könne als Administrator die Seite auch herunternehmen. Auch Bürgermeisterin Herntier ist als Administratorin tätig. Die Arbeit der Administratorinnen und Administratoren sei wichtig, man habe immer mal wieder mit »Ende Gelände«, aber auch mit rechten Gruppierungen Probleme. Außerdem entferne man beleidigende Posts, lasse die Facebook-Gruppen aber grundsätzlich offen. Es finden sich zahlreiche Bilder aus und um die Tagebaue, es wird über den Kohleausstieg, die Zukunft der Reviere oder über den Umgang mit »Ende Gelände« diskutiert. Silke ist auch auf anderen Kanälen wie Twitter oder Instagram aktiv.

Silkes große Leidenschaft ist die Fotografie. Regelmäßig besucht sie die verschiedenen LEAG-Standorte in der Lausitz und fotografiert Kolleginnen und Kollegen sowie Tagebaue, Kraftwerke und technische Geräte. Sie war bereits an einer Reihe von Büchern mit Bildern vom Tagebau und von den Kraftwerken beteiligt, unter anderem einem Jubiläumsband anlässlich von einer Milliarde Tonnen Kohle, die in dem Tagebau Welzow-Süd gefördert wurden. Besonders spektakulär sind die Nachtbilder aus dem Tagebau. Eindrucksvoll sind auch Fotos von Frauen an ihren Arbeitsplätzen. Initiiert hat sie Ulrich Heinemann, der bereits in Rente ist, sich aber noch um die Öffentlichkeitsarbeit der LEAG kümmert. Silke war sofort Feuer und Flamme und organisierte ein Jahr lang zahlreiche Fototermine. Mittlerweile war die Ausstellung in den drei Kraftwerken der LEAG zu sehen, zum Frauentag 2021 soll sie in Spremberg ausgestellt werden.

Neben einer Reihe von Fotobüchern mit Aufnahmen von Geräten, Tagebauen und Beschäftigten gibt es Kalender, zum Beispiel mit Bergbaufrauen. All das macht Silke, um die Wahrnehmung vom Tagebau und seinen Beschäftigten zu verbessern. So etwas macht ihr Freude, auch wenn die Belastung, neben der Vollzeitarbeit, groß sei. Zur Absicherung und wegen der allgemeinen Sorge vor weiteren Aktionen von »Ende Gelände« lässt Silke alle Fotos von der Pressestelle der LEAG freigeben.

Silkes Engagement beschränkt sich aber nicht auf den Tagebau. Sie möchte, dass die Lausitz eine Zukunft hat. Auch wenn man sich schon kaum mehr traue zu sagen, wo man arbeite, weil dann sofort der Kommentar komme, dass man dem Bergbau ja »das Geld in den A... stecke«, hat sie großen Respekt etwa vor den Einzelhändlern, die es noch viel schwerer hätten. Wir besuchen den »Hühnerstall«, ein Café und Restaurant in Spremberg. Silkes Auto ist mit Werbung für den »Hühnerstall« dekoriert, und sie bringt hier immer wieder neue Gäste her und veranstaltet Feste im geräumigen Partykeller.

Durch eine Dokumentation des Fernsehsenders VOX ist Silke auf Familien in Kaiserslautern aufmerksam geworden, die in furchtbaren Verhältnissen leben. Man könne sich das in Deutschland nicht vorstellen, es gebe noch nicht einmal Duschen. Nach dem Anschauen dieser Doku hat sie sich entschieden, sich dort zu engagieren. Sie ist Patin und schickt Geld. Auch mit einem Kleintransporter voller Kleidung und Spielzeug ist sie bereits nach Kaiserslautern gefahren und verbringt regelmäßig einen Teil ihres Urlaubs dort. Die Zustände seien noch schlimmer als in der Doku gezeigt. Silke will einer Gruppe von Kindern aus Kaiserslautern den Tagebau zeigen. Bislang sind alle Anläufe dafür aber gescheitert, weil sich die Jugendlichen vor der Reise so schlecht benommen hatten, dass ihre Betreuerinnen und Betreuer die Reise absagten. Silke hofft, dass der Besuch bald nachgeholt werden kann. Es ist ihr wichtig, dass sie bei solchen sozialen Themen immer die volle Unterstützung von allen, inklusive der LEAG hat. Ein wenig Kritik gebe es aber für ihr Engagement für die Kinder in Kaiserslautern, denn man könne sich doch auch um Kinder in der näheren Umgebung kümmern. Silke lässt das nicht gelten. Die Kinder in Kaiserslautern bräuchten Hilfe, mehr sei dazu nicht zu sagen. Silke berichtet von ihrem Engagement so, als sei es das Selbstverständlichste von der

Welt und nur folgerichtig, wenn man die Dokumentation gesehen hat.

Dann beschließt sie, dass wir noch zu ihr nach Hause fahren, nach Schwarze Pumpe, weil sie mir ihre Fotobücher zeigen will. Sie wohnt in einer Siedlung in der Nähe des Kraftwerks. Zur Arbeit kann sie laufen oder mit dem Fahrrad fahren. Es sind alte Arbeitersiedlungen, noch heute wohnen dort überwiegend aktuelle oder ehemalige Beschäftigte. Die kleine Ortschaft wirkt lebendig. In Silkes Nachbarschaft gibt es eine Grundschule, eine Kita und auch ein Schwimmbad. Im Ort eine Reihe von Geschäften. Sie nimmt mich mit in ihre »kleine Dreiraumwohnung«. In ihrem Wohnzimmer hängt ein Bild von ihr in LEAG-Montur auf dem Bagger. Es gibt eine detaillierte Zeichnung von ihrem Bagger, die ein Kollege ihr zum 40. Geburtstag angefertigt hat. Sie hat schon viele Kaufangebote dafür bekommen, gebe es aber nicht her. Höchstens mal für eine Ausstellung. Daneben sind auf Leinwand gedruckte Fotos von Schwarze Pumpe und einem Schaufelradbagger bei Nacht zu sehen. Über dem Fernseher stehen Bergmannfiguren mit »Glück auf«-Täfelchen, dazwischen zwei handgefertigte Schwibbögen mit Bergbaumotiven.[2] Zwischen den Erzählungen über diese ganzen Gegenstände sagt sie, dass sie eigentlich mal in einem eigenen Haus wohnen wollte. Ihr Mann sei ja auch handwerklich begabt. Da er aber, nach Zeiten der Arbeitslosigkeit in den 1990ern, seit einigen Jahren regelmäßig in Österreich auf Montage sei, habe man darauf verzichtet. Ihr Mann komme alle zwei Wochen für anderthalb Tage nach Hause. Im Winter ist er zwei, drei Monate da. Dadurch hat sie Zeit für ihre vielen Aktivitäten.

Schließlich fahren wir wieder nach Spremberg und essen Kartoffeln mit Quark und Leinöl. Wir schauen ein Fotobuch mit Baggerbildern an. Sie erzählt viele Details über die Fototechnik, aber auch wie sie sich – streng verboten – zum Fotografieren unter eine Brücke gelegt hat. Es entsteht ein Bild einer einzigartigen Gemeinschaft in einer Schicht.

Ich bin tief beeindruckt von dem großen Engagement, mit dem sich Silke für einen respektvollen Umgang mit dem Bergbau einsetzt, von der Solidarität und Herzlichkeit, mit der sie sich für so unterschiedliche Menschen engagiert. Auch teilen wir die strikte Ablehnung rechten Gedankenguts, eine Begeisterung für die Landschaften in der Lausitz und die Wut darüber, wie mit zweierlei Maß gemessen wird, wenn es darum geht, dem Klimawandel entgegenzuwirken. Schließlich ist die Reduktion der Treibhausgase in Deutschland bislang hauptsächlich vom Energiesektor geleistet worden, während die Bereiche Verkehr oder Bauen vergleichsweise mit Samthandschuhen angefasst werden. Ich bin froh, Silke kennengelernt zu haben und mit ihr in Kontakt zu sein, auch wenn wir sicherlich immer unterschiedlicher Meinung darüber sein werden, wie schnell Deutschland aus der Kohle aussteigen sollte. Und ich freue mich darauf, ihren Bagger kennenzulernen, sobald es das Pandemiegeschehen zulässt.

Anmerkungen

1 F60 ist die Serienbezeichnung von fünf Förderbrücken im Lausitzer Braunkohletagebau. Sie transportieren den Abraum, der über dem Kohleflöz lagert, und sind die größten beweglichen technischen Arbeitsmaschinen der Welt.
2 Schwibbögen sind Lichterbögen aus dem Erzgebirge, die vor allem Weihnachten in die Fenster gestellt werden.

Janine Herntier und Christine Herntier

Wir brauchen Mutbilder

Die Spremberger Bürgermeisterin Christine Herntier und ihre Tochter Janine Herntier, eine Lausitz-Rückkehrerin, im Gespräch mit Johannes Staemmler

---

Seit ich mich mit der Lausitz beschäftige, war ich nirgends häufiger als in Spremberg. Das hat auch mit Bürgermeisterin Christine Herntier zu tun, der wir Forscher*innen schon in einer Sitzung der »Kohlekommission« begegnet waren und die nie müde geworden ist, mit uns zu diskutieren. Janine Herntier, ihre Tochter, lernte ich auf einer Veranstaltung zum Strukturwandel in Berlin kennen. Auch sie schien voller Leidenschaft für die Lausitz zu sein und lud uns ein, mit ihren Freunden und Bekannten von der Initiative »Heeme fehlste!« zu sprechen. Die beiden Frauen sind jede auf ihre Weise in Spremberg und der Region aktiv und gestalten den Strukturwandel mit. Wir verabredeten uns im Sommer 2020 im Büro der Bürgermeisterin.

Frau Herntier, sind Sie in Spremberg aufgewachsen?

Christine Herntier: Ich bin Jahrgang '57. Meine Eltern stammen beide aus Schlesien. Nach dem Krieg haben sie sich hier in der Gegend kennengelernt und sind dann 1954 mit der Aufbauwelle rund um Schwarze Pumpe und mit der Kohle nach Spremberg gekommen. Mein Vater war ein junger Bauingenieur. Er hat hier in Spremberg einige Spuren hinterlassen.

Was machte Ihre Mutter?

Christine Herntier: Sie war klassische Hausfrau. Ich bin ein Einzelkind, und meine Mutti blieb mit mir bis zur vierten Klasse zu Hause. Ich habe keinen Kindergarten besucht. Ich bin hier sehr glücklich aufgewachsen.

Janine Herntier: Aber ich musste in den Kindergarten. *[Ihre Mutter nickt.]*

Als Sie in die Schule kamen, war es da von Bedeutung, woher Sie oder Ihre Eltern stammten?

Christine Herntier: Nein, in der Schule war das kein Thema. Es wurde jedenfalls nicht thematisiert, woher die Leute kamen. Im Bekanntenkreis meiner Eltern aber schon. Da gab es einige mit einer ähnlichen Geschichte.

Warum ist es für Ihre Eltern Spremberg geworden?

Christine Herntier: Mein Vater hatte sich beim damaligen Kreisbaubetrieb beworben, weil hier viel gebaut wurde. Später war er dann im Bezirk Cottbus für den Wohnungsbau verantwortlich. Meiner Mutter habe ich viel zu verdanken. Meinen jetzigen Job kann ich unter anderem deshalb gut, weil sie mich zu Hause immer wieder zum Gedichte-Aufsagen auf den Wohnzimmertisch gestellt hat. Und ich konnte das richtig gut. Ich war sogar zum DDR-Ausscheid. Deshalb habe ich keine Angst, egal zu welchem Thema, egal vor welchen Menschen und egal vor wie vielen Menschen zu reden. Es spielte keine Rolle, dass meine Mutter keinen Beruf gelernt hatte und »nur« Hausfrau war.

So ein Training kann man schwer nachholen.

Christine Herntier: Meine Mutter war sehr liebevoll, aber auch streng zu mir. Eine Zwei nach Hause bringen, das war nicht gut. Da brach sie in Tränen aus. Was denn aus dem Kind werden soll?

Janine, du bist Jahrgang 1982. Bist du mit ganzem Herzen Sprembergerin?

Janine Herntier: Ich weiß es immer noch nicht so richtig, was man heutzutage ist. Aber dadurch, dass ich sehr früh weggegangen bin, habe ich ein Gefühl dafür entwickelt, was ich nicht bin.

Der Ort spielt, glaube ich, eine große Rolle, obwohl ich das lange nicht wahrhaben wollte.

Christine Herntier: Aber du sagst oft zu mir: »Ich bin so froh, dass ich wieder hier bin.«

Janine Herntier: Es war die beste Entscheidung, wieder zurückzugehen, obwohl ich vor diesem Schritt so sehr Angst hatte.

Christine Herntier: Ich vergesse nie, wie du Spremberg verlassen hast. An dem Tag, an dem du 2002 dein Abiturzeugnis bekommen hast, kamst du zu mir in die Firma. Ich sehe das noch wie heute vor mir. Du hast gesagt: »Ich habe mein Abiturzeugnis abgeholt, und ich werde mich gleich im Einwohnermeldeamt abmelden. Ich ziehe nach Ingolstadt.«

Janine Herntier: Ich wollte unbedingt weg!

Frau Herntier, Sie haben in Chemnitz studiert.
Christine Herntier: Maschinenbau und Betriebswirtschaft in Karl-Marx-Stadt.

Richtig, Karl-Marx-Stadt. Sind Sie dann postwendend nach Spremberg zurückgekommen?
Christine Herntier: Ich habe, als ich 20 war, mein erstes Kind bekommen und geheiratet. Die Arbeitsplatzvermittlung lief ja anders als jetzt. Eine Stelle konnte man sich nicht einfach suchen. Eine meiner besten Freundinnen rief mich an und sagte: »Du, Christine, da ist eine Stelle in Spremberg frei, ich habe dich eingeschrieben.« So bin ich zum VEB Spremberger Textilwerke gekommen und habe dort im September 1979 angefangen.

Wie haben Sie den Umbruch 1989 erlebt?
Christine Herntier: '89 war hochinteressant für mich. 1987 hatte mein Betrieb mich zu einem Nachwuchskaderlehrgang geschickt. Der wurde über das damalige Ministerium für Leichtindustrie organisiert, und ich wundere mich heute noch, wie offen dort auch heikle Themen behandelt wurden. Alle Teilneh-

mer waren Nachfolgekandidaten für Betriebsdirektoren oder Generaldirektoren. Dort wurde sehr offen über die wirtschaftliche und politische Lage der DDR diskutiert. Wir wurden natürlich zu einem anderen Zweck dort ausgebildet, aber für mich war es die beste Vorbereitung auf diese Wende.

Haben die friedliche Revolution und schließlich die Öffnung der Grenzen Sie überrascht?

Christine Herntier: Ich war Direktorin für Materialwirtschaft im Textilwerk und erinnere mich noch wie heute an diesen 9. November. Wir hatten es aus dem Fernsehen erfahren und waren die ganze Nacht wach. Als ich am Morgen in den Betrieb kam, war die Hälfte der Leute nicht da. Seit diesem Tag beschäftigte mich, was nun aus dem Betrieb werden würde. Dass da kein Stein auf dem anderen blieb, das war von vornherein klar. Ich habe Belegschaftsversammlungen erlebt, wo gesagt wurde: »Wir brauchen nur noch die D-Mark.« Aber da sind viele Erwartungen enttäuscht worden. Den Leuten wurde nicht die Wahrheit gesagt, was auf sie zukam. Es war eine spannende Zeit. Meine Kinder haben vielleicht darunter leiden müssen. Weil ich nie einen normalen Feierabend hatte. Janine wahrscheinlich weniger, aber unser großer Sohn, der hätte seine Mutter wahrscheinlich öfter einmal gebraucht.

Janine, hast du darunter gelitten, dass deine Mutter selten zu Hause war?

Janine Herntier: Sie hatte nie pünktlich Feierabend. Ich schaue sehr, inwieweit ich das mit den Kindern jetzt hinbekomme. Die sind beide noch klein. Natürlich habe ich Ambitionen, ich habe zwei Mal studiert. Wohl jeder sieht sich irgendwann mal in New York in einem Wolkenkratzer arbeiten. Aber mit Kindern ändert sich das. Da merke ich: Wenn du das jetzt willst, dann musst du woanders hin. Das wurde für mich dann wirklich ein Thema, eine Entscheidungsgrundlage. Mir wurde bewusst, was im Moment wichtig ist. Und für mich ist es wichtig, für meine Kinder da zu sein.

Aber gleichzeitig scheint die Arbeit für dich eine große Bedeutung zu haben.
Janine Herntier: Auf jeden Fall. *[Sie wendet sich an ihre Mutter.]* Wir verbringen jetzt intensiv Zeit miteinander. Wenn man selber Mutter wird, spürt man, welche Abhängigkeiten dadurch entstehen und wie sehr man doch einander braucht. Ich merke jetzt, wenn wir Zeit miteinander verbringen, dass es mich immer fröhlich macht. Ich muss wohl eine Zeit nachholen.

1989 warst du, Janine, sieben Jahre alt. Ab der zweiten Klasse hattest du also neue Schulbücher.
Janine Herntier: Vor allem Lehrer, die sich auch neu orientieren mussten. Jeder hat ein bisschen gemacht, was er wollte. Es war teilweise sehr chaotisch. Als Kind braucht man aber auch eine gewisse Orientierung und Kontinuität. In dieser Zeit war jeder auf sich gestellt, machte, was er selbst für richtig hielt. Aber was ist richtig oder falsch? Es war keine Linie drin.

Hat sich das auf das Studium später ausgewirkt?
Janine Herntier: Ich habe Betriebswirtschaft und dann später Gesundheitsmanagement studiert. In den naturwissenschaftlichen Fächern zweifelte ich anfangs wirklich, ob ich schaffe, das alles nachzuholen, obwohl ich Abitur hatte. Das war ein Unterschied wie Tag und Nacht. Ich habe unter anderem an einer katholischen Universität studiert, und da waren nur sehr wenige Kommilitonen aus den neuen Bundesländern.
Christine Herntier: Als du angefangen hast zu studieren, riefst du mich an und sagtest: »Ich bin hier mit lauter Bayern zusammen, die wissen alle viel mehr als ich.«

Hast du gespürt, dass du aus dem Osten kommst?

Janine Herntier: Ich habe das nie so wahrgenommen. Ich habe nie negative Erfahrungen gemacht. Ganz im Gegenteil, die Universität hat mir unter anderem ein Studium in den USA ermöglicht. Das Einzige, was mich oft begleitete, war das Gefühl und die Frage: Bin ich hier an einem Platz, an dem ich für lange Zeit bleiben will? Ich fragte mich oft: Warum machst du das?

Nach dem Strukturbruch in den 1990er-Jahren hat sich auch in Spremberg und in der Lausitz viel entwickelt. Ab wann hatten Sie den Eindruck, dass es vorangeht?

Christine Herntier: Die ganze Zeit. Ich sehe einiges kritisch, was nach der Wende passiert ist. Aber ich habe es als die große Chance gesehen. Das hielt ich, wie so viele, kaum für möglich. Sonst hätte ich mich jedenfalls nicht in dieses Abenteuer mit der Firmengründung gestürzt. Ich hatte durchaus eine Vorstellung davon, wie es weitergegangen wäre zu DDR-Zeiten. Ein Zuckerschlecken wäre eine Betriebsleitung mit Sicherheit nicht gewesen.

1993 gründeten Sie die Spremberger Tuche GmbH. Damit knüpften Sie unmittelbar an Ihre Erfahrungen an.

Christine Herntier: Die Spremberger Tuche sind kein Rechtsnachfolger des alten volkseigenen Betriebs und ebenfalls nicht der Textilwerke Spremberg GmbH. Das war 1993 eine echte Neugründung gemeinsam mit zwei Partnern. Aber diese hat durchaus viel damit zu tun: die Mitarbeiter und ebenfalls die Produkte.

War die Betriebsgründung für Sie ein Wagnis?

Christine Herntier: Sicher, aber es gab viele Wagnisse damals. Es beschäftigt mich heute noch, dass das Unternehmen 2012 stillgelegt wurde. Aber unter Berücksichtigung der damaligen Bedingungen waren es doch 18 gute Jahre. Wie man sieht, haben mir die Spremberger nicht übel genommen, dass es doch einmal zu Ende ging mit der Firma.

Die Tuchbranche hat Tradition in der Lausitz, richtig?

Christine Herntier: Die Tuchmacherei gab es ja hier schon länger. Die Spremberger Tuche hatten die Markenrechte an dem Tuchmacher-Privileg von 1412. Die sind also deutlich älter als die Kohleindustrie. Die Tuchmacherei war mit mehr als 500 Arbeitskräften auch zu DDR-Zeiten eine wichtige Industrie in Spremberg. Aber das wurde alles von der Kohle überstrahlt.

Als Ihre Tochter 2002 nach dem Abitur die Stadt verließ, ging es Ihrer Firma gut?

Christine Herntier: Wir hatten gerade eine gute Phase. Es gab neue Gesellschafter, die ordentlich investierten. Im Juni 2020 habe ich im Newsletter der LEAG gelesen, dass auf den Rekultivierungsflächen Hanf angebaut wird. Ich war damals zusammen mit meinem Partner die Hanfpionierin von Deutschland. Wir waren einfach zehn, 15 Jahre zu früh. Vattenfall schickte uns weg. Sie förderten hier unsere Kohle und mehr nicht. Ich habe ein ambivalentes Verhältnis zu Vattenfall, weniger zu der LEAG, aber zu Vattenfall durchaus. Es stört mich richtig, dass die sich heute als grüner Konzern verkaufen.

Schmunzeln Sie heimlich, dass es jetzt auch mit der Kohle zu Ende geht?

Christine Herntier: Nein! Es war nicht vorstellbar, dass die Kohle- und Energieindustrie ebenfalls so unter Druck geraten würde. Ich finde es gut, dass man dieses Mal versucht, gegenzusteuern. Ich habe erlebt, wie ein Betrieb nach dem anderen abgewickelt wurde. Das war nicht zum Lachen. Wir haben aber auch wahrgenommen, dass diese unglaubliche Umweltverschmutzung ein Ende hatte. Darunter hatten besonders die Kinder gelitten. Der Sohn gesundheitlich noch mehr als die Tochter.

Der hatte als Kleinkind schrecklichen Husten mit schlimmsten Erstickungsanfällen. Dieser Dreck war überall. Die Spree ist heute ebenfalls braun, aber aus anderen Gründen. Damals war sie durch die Industrieabwässer so richtig verseucht. In den vielen Gesprächen, die ich zu dem Thema Kohleausstieg führe, sage ich manchmal, dass eben nicht alles gut war mit der Kohle. Aber gerade in der Lausitz darf man es nicht noch einmal zum Bruch kommen lassen.

Was meinen Sie damit?
Christine Herntier: Das war ein richtiger Aderlass, was die Lausitz hier durchgemacht hat. Was mich stört, ist, wenn dann so gesagt wird, wir müssen auch an die anderen Regionen denken. Zu DDR-Zeiten und ebenfalls noch lange danach hat es keinen interessiert, dass wir hier unsere Heimat verfeuern. Man wollte nur den Strom haben. Ich finde, jetzt im Strukturwandel muss ein bisschen ausgleichende Gerechtigkeit dabei sein.

Dafür haben Sie in der »Kohlekommission«, in der Sie Mitglied waren, gekämpft.
Christine Herntier: Es hätte noch ein bisschen mehr sein können.

Werden Sie seit dieser Zeit hier anders wahrgenommen?
Christine Herntier: Durchaus. Gerade in Spremberg ist der Kohleausstieg ein Stadtgespräch. Es ist bekannt, dass ich mich für die Region und für die Stadt einsetze.

Jetzt treffen in der Lausitz die Konflikte rund um den Kohleausstieg aufeinander. Wenn »Ende Gelände« kommt, rückt die Gesellschaft in zwei Teile auseinander: in die Verteidiger der Lausitz – und oft auch der Kohle – und die anderen, die sagen, dass es schneller gehen muss. Empfinden Sie den Alltag hier ebenfalls als polarisiert?

Christine Herntier: Nur punktuell. Ich gehe zum einzelnen Bürger hin. Noch mehr Nähe geht nicht, als wenn man in die Ortsteile geht.

Wie bei den Bürgergesprächen im Jahr 2020.
Christine Herntier: Diese Versammlungen sind sehr gut besucht worden. Ich hatte durchaus erwartet, dass es da noch einmal zu grundsätzlichen Diskussionen kommt: »Warum müssen wir hinaus aus der Kohle?« Doch die Frage spielte keine Rolle.
Janine Herntier: Du sprichst mit den Menschen. Du hörst ihnen zu. Und so schaffst du es, dass die Leute dir zuhören. Wenn man das ohne Vorurteile schafft, entwickelt sich da eine Beziehung, und die ermöglicht beiden Seiten etwas. Es gibt aber auch Grenzen. Es gibt Situationen, da bin ich um deine Sicherheit besorgt. Situationen, in denen ein Gespräch schwer kontrollierbar wird.

Werden Sie als Mensch angefeindet? Man hört ja immer wieder, dass Bürgermeisterinnen und Bürgermeister deswegen zurücktreten.
Christine Herntier: Bis jetzt ist das alles auszuhalten. Als ich als Bürgermeisterin begonnen habe, hatte ich ein sehr unangenehmes Erlebnis: auf dem Dorffest in einem kleinen Ortsteil. Damals war noch nicht von Flüchtlingskrise die Rede. Da stand hinter mir ein junger Mann, der deutlich als Nazi zu erkennen war. Der stellte sich direkt hinter mich und sagte: »Da ist sie ja, die Bürgermeisterin.« Da habe ich mich umgedreht und ihn angeschaut. Er konnte mich nicht direkt ansehen. Ich habe ihn gefragt: »Wollen Sie mit mir reden?« Und dann zog er ab. Das war mir wirklich unangenehm. Aber auch richtig körperlich unangenehm war es mir, vor jeder Kommissionssitzung zwischen schreienden und tobenden Klimaaktivisten hindurchzugehen. Das war ebenfalls unpassend. Wir waren eingesetzt worden, um das Problem zu lösen. Es war mir unverständlich, wieso ich da

immer so angebrüllt wurde. So etwas ist nicht konstruktiv. Das Thema Rechts spielt in Spremberg aber immer noch eine Rolle. Etwa 2016, als es auch in Spremberg viele Flüchtlinge gab. Jetzt haben wir noch ungefähr 400. Wir haben dort oben im Restaurant gesessen mit unserem Frauenstammtisch und sahen, wie es unten zu Randalen kam. Da bin ich mit einer anderen Frau hinuntergegangen, weil es mir nicht egal war. Dann löste sich das bereits auf, und der eine wollte weg. Ich habe noch gesehen, wie der junge Mann den Kofferraum zugemacht hat, und da lag ein Baseball-Schläger drin. Den habe ich dann später wiedergetroffen: im November 2019, als die BürgermeisterInnen vor dem Kanzleramt dafür demonstrierten, dass die Beschlüsse der Kohlekommission umgesetzt werden. Er sprach mich an und sagte, dass er jetzt bei der LEAG arbeite. Und während wir uns unterhalten, sage ich zu ihm: »Du bist doch der ...« Da sagt er: »Ja, Frau Herntier, ich weiß, dass das scheiße war, mach ich nicht mehr.« So kann es ebenfalls gehen. Man muss sich nicht weiter radikalisieren.

Haben Sie Schwierigkeiten mit der AfD[1]?

Christine Herntier: Was mich stört, ist: In Spremberg ist die AfD stark, und es ist ebenfalls öffentlich dokumentiert, dass sich der Fraktionsvorsitzende der AfD, der gleichzeitig im Kreistag und im Landtag sitzt, offen zu Herrn Kalbitz[2] bekennt. Die anderen Parteien in der Stadtverordnetenversammlung positionieren sich dazu nicht, was ich als mindestens befremdlich empfinde.

Proteste gibt es von den jungen Leuten, beispielsweise bei »Fridays for Future«.

Christine Herntier: Ich treffe manchmal auf Leute von »Ende Gelände«, die sind aber älter, und auf »Fridays for Future«. Die sind ebenfalls bei der Kommission aufgetreten. Fand ich nicht gut. Niemand durfte hinein, aber Fridays-for-Future-Aktivisten wurden am letzten Tag hineingelassen. Die hätten genauso wie alle anderen draußen bleiben müssen. Ich bin durchaus der Meinung, dass es noch nicht möglich ist, den Kindern zu vermitteln, warum es nicht geht, sofort alles umzuändern. Wie war das denn, als wir Kinder waren? Wir lebten in einem anderen System. Und ich war Gruppenratsvorsitzende. Was sonst?! Ich sehe mich noch mit einem Wimpel in der Hand durch Spremberg gehen, und am Himmel leuchtete golden der Kommunismus. Das hatten mir meine Lehrer erzählt, und ich habe es geglaubt. Vier, fünf Jahre später habe ich von alleine begriffen, dass es so nicht geht. Ich finde es nicht gut, dass die Kinder benutzt werden. Wir sind damals ebenfalls benutzt worden. Hat es alles schon so ähnlich gegeben zu DDR-Zeiten.

Aber den Wunsch nach einer Zukunft, die halbwegs funktioniert – wenn ich die Positionen von »Fridays for Future« auslegen darf –, kann man durchaus verstehen.

Christine Herntier: Ja, definitiv.

Janine Herntier: Ich finde es immer gut, wenn man etwas macht, für etwas einsteht. Für mich heißt das aber auch Verständnis füreinander zu entwickeln. Den anderen da zu sehen, wo er steht. Wenn man die Ziele von »Fridays for Future« liest: Die würden wohl viele unterschreiben – dass man eine Zukunft will, die funktioniert und die vielleicht besser funktioniert. Das wollen wir doch alle. Ich jedenfalls will das für meine Kinder.

Es gibt auch Proteste auf der Seite der Kohlebefürworter. Besteht die Gefahr, dass Rechte beispielsweise Pro-Lausitz-Demonstrationen unterwandern?

Christine Herntier: Ich habe ein Auge darauf. Es gibt eine Facebook-Gruppe, die heißt »Initiative zur Erhaltung der Deutschen Tagebaureviere«, und ich bin angesprochen worden, ob ich zu deren Autorenteam gehören möchte. Das habe ich gemacht. Dort merkt man, wie verbunden die Leute mit ihrem Beruf sind. Diese riesigen Maschinen und diese Winterkämpfe. So etwas sollte man durchaus unterstützen, weil das eine wichtige Rolle für die Identifikation gespielt hat. Es ist leider so, dass die AfD es verstanden hat, das Thema zu benutzen, indem sie einfach nur gegen den Kohleausstieg ist. Aber sie liefert nicht eine einzige Antwort darauf, wie man in die Zukunft denken soll. Was wollen sie denn? Wollen sie zurück in das »Dritte Reich«? Wollen sie zurück in die DDR?

Was hat dich, Janine, 2017 bewogen, nach Spremberg zurückzukehren?

Janine Herntier: Ich habe diesen Gedanken über die Jahre mit mir herumgetragen. Wir sind oft umgezogen und immer regelmäßig nach Spremberg gefahren. Mir ist es mit der Zeit immer schwerer gefallen, wieder aufzubrechen. Ich fragte mich: Warum fühle ich mich in dieser Kleinstadt, aus der ich unbedingt wegwollte, so viel stärker und besser? Als das zweite Kind kam, war die Entscheidung dann schnell getroffen.

Deine Kinder wachsen wahrscheinlich ein bisschen anders auf als du – und noch einmal erheblich anders als Sie, Frau Herntier. Janine, siehst du deren Zukunft guten Mutes entgegen?

Janine Herntier: Zunächst einmal bin ich froh, dass wir hier sind. Nicht nur in der Lausitz, sondern in Deutschland. Unsere Welt erscheint immer komplexer, spannend aber auch überfordernd. Ein Beispiel sehe ich beim Schulweg meiner Kinder: Ich bin sehr schnell alleine zur Schule gegangen, heute scheint mir das aufgrund des Straßenverkehrs zu gefährlich ... Da überlegt man: Kann mein Kind das schon?

Christine Herntier: Das kann es!

Janine Herntier: Ich glaube auch, es kann das. Ich kann ihnen nicht viel mehr mitgeben als Vertrauen, weil die Erfahrungen, die wir haben, aus einer anderen Welt sind. Sie müssen das selber machen. Wie wir es ebenfalls gemacht haben.

Christine Herntier: Genau, wir haben es ebenfalls selbst gemacht.

Janine, es gibt einen Stammtisch der Gruppe »Heeme fehlste!«. Was macht ihr da?

Janine Herntier: Die Idee kam, als ich zurück in Spremberg war. Alle Rückkehrer haben das Problem, dass der Freundeskreis von damals ebenfalls weg ist. Wir haben uns überlegt, dass eine Art Stammtisch für Rückkehrer sinnvoll wäre. Wir wollten uns zusammensetzen und eine Anlaufstelle bieten. Mir war wichtig, dass auch diejenigen dabei sind, die die ganze Zeit hiergeblieben sind. Das sind so spannende Leute. Wir haben uns auf die Fahnen geschrieben, sichtbar zu machen, was für tolle Menschen und Initiativen es hier gibt. Ob sie nun zurückgekommen sind oder nicht. Wenn man nach so vielen Jahren in seine Heimat zurückkehrt, dann ist es schön zu sehen, da ist jemand, dem geht es ähnlich.

Auch ihr beeinflusst den demografischen Wandel. Ihr seid weggegangen und kommt mit euren Kindern zurück. Ihr verhindert, dass eure Eltern zu euch in die Großstädte ziehen. Nebenbei entsteht das Gefühl, nicht allein zu sein.

Janine Herntier: Ich weiß nicht, ob man das Gefühl damit ausräumen kann. Es ist gut zu sehen, dass es viele gibt. Man gibt sich so gegenseitig Motivation.

Christine Herntier: Wir brauchen die Leute, die weg waren.

Berührt der Strukturwandel dich persönlich?

Janine Herntier: Ich sehe ihn für mich als Chance, vor allem wenn ich mich auch beruflich stärker hier verorten kann. Es gibt Chancen, die offen auf der Straße liegen. Wenn Du hier eine Idee hast, dann bist du eben nicht einer von hundert, du bist vermutlich der Einzige, der es dann hier umsetzt.

Hält der Strukturwandel Sie, Frau Herntier, davon ab, noch eine Amtszeit als Bürgermeisterin anzustreben?

Christine Herntier: 2021 sind in Spremberg Bürgermeisterwahlen, und ich trete an. Ich mache diesen Job sehr gerne. Es gibt noch viel zu tun. Aber am wichtigsten ist meiner Meinung nach in so einer kleinen Stadt wie Spremberg, dass man den Kontakt zu den Leuten hält. Ich habe keine Berührungsängste, egal wer kommt. Die Leute wissen das. Sie erzählen mir jedenfalls, viele, nicht alle, über ihre Ansichten und über ihre Themen, das schätze ich sehr. Der Strukturwandel wird mich nicht davon abhalten zu kandidieren, im Gegenteil!

Ich nehme ein bisschen Aufbruchsstimmung wahr. Geld ist ja jetzt da.

Christine Herntier: Aber es geht nicht nur um Geld. Wir waren doch vergessen. Wir sollten die Kohle abbaggern und den Strom schicken. Wir reden schon jahrzehntelang über eine bessere Infrastrukturerschließung der Lausitz. Darum hat sich keiner gekümmert. Jetzt auf einmal geht es. Das muss man den Leuten sagen. Und ich sage ihnen das in all meinen Veranstaltungen, die übrigens sehr gut besucht sind.

Würden Sie sagen, dass es eine sinnvolle Strategie ist, die Leute zu involvieren?

Christine Herntier: Ja, natürlich.

Auf welchen Ebenen gelingt es?

Christine Herntier: Die Leute leben hier und wollen darüber reden, wie ihre Lebensbedingungen jetzt sind und was sie sich für die Zukunft vorstellen. Es trägt dazu bei, dass andere, die hoffentlich hierherkommen wollen, davon angesprochen werden. Die Leute wollen selber etwas machen.

Janine Herntier: Wir brauchen keine Angstbilder, wir brauchen Mutbilder – positiv besetzte Bilder, die zeigen, wie die Zukunft aussehen kann.

Christine Herntier: Wir sind bereits bekannter geworden in Deutschland und darüber hinaus. Man interessiert sich dafür, wie wir mit dem Strukturwandel umgehen. Wichtig ist aber, dass unter den Menschen und zwischen den Kommunen keine Neidgedanken aufkommen: »Der bekommt etwas, und was bekommen wir?« Wenn nach Weißwasser beispielsweise eine Bundeseinrichtung kommt, dann finde ich das super. Ich werde im Leben nicht meinem Kollegen und Freund Torsten Pötzsch diese 20 Arbeitsplätze neiden.

Sie sind auch Sprecherin der Lausitzrunde, des Zusammenschlusses der Kommunen in der Region. Wenn man die gemeinsame Betroffenheit und die gemeinsame Stimme sucht, muss man zur Lausitzrunde kommen.
Christine Herntier: Aber sie wird bei den Landesregierungen durchaus kritisch gesehen. Wir stören ein bisschen.

Zum Schluss: Spremberg in zehn Jahren – gehen deine Kinder dann hier zur Schule?
Janine Herntier: Das kann ich mir gut vorstellen. Das Leben in einer kleineren Stadt wie Spremberg bietet sehr viel Lebensqualität. Wenn das in zehn Jahren auch noch so ist und wir an der ein oder anderen Stelle noch attraktiver werden, wäre das großartig. Deshalb bringe ich mich wie viele andere hier vor Ort ein.

Was machen Sie, Frau Herntier, in zehn Jahren?
Christine Herntier: Ich habe noch Pläne für meine Nachbürgermeisterin-Zeit. Egal, wann es sein wird, ich werde noch einmal etwas Neues machen. Es hat viel mit dem Thema Frauen zu tun. Ich denke, ich habe – egal zu welcher Zeit, angefangen zur DDR-Zeit, in der Wendezeit und vor allem jetzt als Bürgermeisterin – so viele Erfahrungen gesammelt, die ich Frauen weitergeben kann. Ansonsten wünsche ich mir natürlich sehr,

dass meine Tochter mit ihrer Familie bleibt. Ich habe es auch immer als großes Glück empfunden, mit meinen Eltern hier in der Stadt zu leben.

Ich werde oft gefragt: Was ist das Schöne an der Lausitz? Es sind tatsächlich die Menschen hier. Diese Umbrüche in den 1950er- und den 1990er-Jahren. Dann jetzt wieder. Das ist das Besondere. Wir sind eine kleine, manchmal abgeschlossene Gemeinschaft. Ich wünsche mir, dass die Menschen in der Lausitz eine gute Zukunft haben. Dass das durch den Kohleausstieg möglich wird, ist ein Witz der Geschichte. Wo doch die ganze Zeit lang die Kohle als einzige Perspektive gesehen wurde.

Anmerkungen

1 Zweitstimmenergebnis der Landtagswahlen 2019 in Spremberg: SPD: 23,5 %, CDU: 16,6 %, Linke: 8,7 %, AfD: 36,4 %, Bündnis 90 / Die Grünen 3,5 %, FDP: 4,7 %. Wahlbeteiligung: 12 400 von 19 100 Wahlberechtigten, das entspricht 64,3 %.
2 Andreas Kalbitz wurde im Sommer 2020 mit der Begründung aus der AfD ausgeschlossen, im Zuge des Parteieintritts seine Mitgliedschaft in rechtsextremen Vereinigungen verschwiegen zu haben.

Stefan Nolte

Wird wieder nichts gewesen sein?

Das Stadtprojekt »Modellfall Weißwasser« in der Oberlausitz als Labor für neue Formen des Miteinanders – von Stefan Nolte

Gregor, vor kurzem in seine Heimatstadt Weißwasser zurückgekehrter Regionalplaner, warnt mich gleich beim ersten Besuch: Viele haben hier genug von »Projekten«, die anderen nützen und von denen sie selbst nicht profitieren. Wieder werde eine Sau durchs Dorf getrieben, sagen sie schnell.

Ich muss an Lucky Luke und das Ortsschild von Golden Glow denken: »Fremder, hier suchten viele Gold und fanden nur Blei!« Was hatte ich in Weißwasser verloren – ein Theatermacher aus Berlin, geboren ganz im Westen nahe der holländischen Grenze? Was suchte ich im Niederschlesischen Oberlausitzkreis, der sich für Fremde anfühlen kann wie das Ende der Welt?

Mit dem Anruf von Holger Schmidt vom Neufert-Bau Weißwasser e.V. hatte alles begonnen. Ob ich Interesse hätte, zum 100. Bauhaus-Jubiläum ein Projekt in Weißwasser zu entwickeln. Zwei Bauhaus-Schüler der ersten Stunde, der Glasgestalter Wilhelm Wagenfeld und der Architekt Ernst Neufert, hatten dort in den 1930/40er-Jahren im damals größten Glaswerk Europas gewirkt. Dieser ungehobene Bauhaus-Schatz machte mich ebenso neugierig wie die Topografie und Gefühlslage der seit den 1990er-Jahren extrem geschrumpften Stadt. Und der Fonds Bauhaus heute,[1] der das Projekt fördern sollte, forderte ausdrücklich zur kritischen Überprüfung des Bauhaus-Erbes anhand aktueller Gegenwartsfragen auf. Anders ist Theater für mich nicht denkbar. Aber wie kann man an diesen »Modellfall von Bauhaus in der Industrie« (Walter Gropius) anknüpfen, wenn es die Industrie nicht mehr gibt?

Übernachten, wo andere Kunst machen! Mit unserer Gruppe »Recherchepraxis« hatten wir – Ruth Feindel, Paul Brodowsky, Hendrik Scheel und ich – zuletzt im Prenzlauer Berg ein komplettes Theater »zweckentfremdet«. Seine Bühnen, Büros, Proberäume und Lager hatten wir zum immersiven »Hotel Berlin«[2] verwandelt, um von Gentrifizierung und Verdrängung zu erzählen. Jetzt bot sich der Blick auf eine umgekehrte Situation: Weißwasser, zu viel Raum für zu wenige Menschen. Eine weitgehend deindustrialisierte Stadt, die sich mit dem Ende der Glasindustrie und dem bevorstehenden Ausstieg aus der Kohleverstromung neu erfinden könnte. Die brennenden Gegenwartsfragen, Rohstoff all meiner bisherigen Stadtprojekte in Bitterfeld, Peenemünde, Zittau oder Dortmund,[3] lagen auf der Hand. »Modellfall Weißwasser« sollte das neue Projekt heißen und modellhaft die Weißwasseraner*innen selbst zu den Akteuren eines neuen Stadtgebrauchs machen.

Spurensuche zwischen Kiefern und Beton

Der »Blutige Knochen« des Farbenglaswerks, der »Schnitterkrug« der Luisenhütte, das »Prälaten« der Vereinigten Lausitzer Glaswerke (VLG) mit der vorzüglichen Schlachteplatte: Der Maschinenglasmacher Teichert erinnert zu jeder »Glasbude« noch das Wirtshaus, in dem nach der Schicht der Durst gelöscht wurde. »Nach der Wende wurde das Glas totgeschwiegen. Nur Kohle, Energie, Eishockey«, sagt er, als er uns auf einem der langen Spaziergänge durch die Brachen und Ruinen der einstigen Glasfabriken führt.

Als Kriegsvertriebene kam seine Familie aus Schlesien hierher. Das kleine Dorf Nochten, das zur neuen Heimat wurde, verschwand im gefräßigen Loch des Tagebaus. Die Familie bezog eine Wohnung in Weißwasser-Süd. Als die Fabriken nach 1990 zumachten, die Leute fortgingen und »zurückgebaut« wurde, riss man auch ihre »Platte« ab. Krieg und Vertreibung, Braunkohleabbau und Rückbau: ein dreifacher Heimatverlust in drei verschiedenen Staatsformen. Wie Teichert sind viele aus Schlesien oder später als Russlanddeutsche hergekommen (siehe auch den Beitrag von Angelina Burdyk ab Seite 169 in diesem Band). Weißwasser ist eine Einwandererstadt. Mit dem Boom der Glas- und Kohleindustrie explodierten die Einwohnerzahlen. Also warum nicht auch als Fremder kommen? Hendrik Scheel, Raumkünstler des Projekts, und ich beziehen eine Plattenbau-Wohnung am Marktplatz. Ganz in der Nähe richten wir den »Maszladen« ein, der für ein Jahr unser neuer Lebensmittelpunkt sein soll.

Gregor zeigt uns die von Kiefern eingewachsene Betonpiste im *Outback:* In seiner Kindheit fuhren hier die Busse zum Kraftwerk ab. Bei Schichtwechsel wimmelte es nur so. Und überall standen die neuen Wohnblöcke von Weißwasser-Süd. Bevor der Stadtteil abgerissen wurde, machten Künstler hier 2004 mit »Blockbuster« eine Rückbau-Performance. Die letzte große Sache der Jugendkultur. Jetzt wächst hier Wald.

Viele sind fortgegangen, der Arbeit nach. Fast die Hälfte ihrer Einwohner hat die Stadt seit den 1990er-Jahren verloren. Kaum eine andere Stadt in Deutschland weist eine vergleichbare Dynamik von solch rapidem Wachstum und schneller Schrumpfung auf.

Es ist gut, diese Ausgangslage und die Prägung der Menschen – besonders der Älteren – zu kennen, um etwas Neues zu beginnen. Industrie und Planung von oben haben der Stadt und ihren Bewohner*innen ihre Maße aufgedrückt. Wie Naturkatastrophen sind die Strukturbrüche der 1990er-Jahre meist über die Menschen hereingebrochen, ohne eine Chance auf Mitgestaltung. Das sitzt tief. Eine ganze Generation wurde notgedrungen zu Transformationsexperten, als die Treuhandgesellschaft die volkseigenen Glashütten privatisierte beziehungsweise zerschlug. Menschen wie Teichert, ein hochspezialisierter, erfahrener Maschinenglasmacher und Betriebsrat mit hoher sozialer Kompetenz, der dann von Arbeitsbeschaffungsmaßnahme zu Arbeitsbeschaffungsmaßnahme stolperte und schließlich Weißwassers erstes Obdachlosenheim mit aufbaute. (»Das hatte es in der DDR nicht gegeben!«) Strukturwandel von unten? Fehlanzeige. Und wie viele »Säue« wurden seitdem tatsächlich »durchs Dorf getrieben«, getarnt als Partizipations- und Beteiligungsverfahren, an die man erst glaubte und die dann doch zu nichts führten? Wie viel Engagement ist hier verschlissen und verraten worden, bis man zu allem nur noch sagte: »Das wird doch wieder nüscht«?

Sandy von der Band Zartbitter ist zurückgekommen. Sie hatte in einem Plattenbau, wo jetzt die Kiefern hochschießen, eine »super Kindheit«, sagt sie. Inzwischen findet sie es gut so, wie es ist. Alle aus ihrer Band sind Rückkehrerinnen. Im »Modellfall« werden sie davon singen: »Ich bin zurückgekommen, denn Oma hat hier Glas designt / Mein Vater war im Tagebau und Mutter bei der Einheit«.[4] Die Stadt wirbt heftig um Rückkehrer*innen wie Sandy. Und die Raumpioniere kommen und eben die Künstler. Denn Orte, die neu bespielt werden können, gibt es hier wirklich genug.

Der Aufbruch hat längst begonnen

Bahnhof und Kulturhaus der Stadt stehen seit Jahren leer, ebenso die wunderschön im Park gelegene Glasfachschule und große Areale des ehemaligen Glaswerks »Einheit«, wo Osram schon in den 1920er-Jahren Glühbirnen produzierte. Doch die Arbeit an der Zukunft hat längst begonnen. Der Neufert-Bau-Verein hat die Ruine des Lagerhauses übernommen, die Stadt hat das leerstehende Bahnhofsgebäude zurückgekauft und plant seine Umgestaltung. Teile des ehemaligen Glaskolbenwerks wurden zum Soziokulturellen Zentrum (SKZ) Telux, und es gibt die

Idee, auch das Glasmuseum ins alte Glaswerk zu verlegen. Die Glasfachschule kommt als Standort für die Neugründung einer Freien Schule ins Spiel, während die Kohlekommission[5] vorschlägt, hier eine Staatsbehörde anzusiedeln. Und die Initiative der Volkshaus-Freunde will das ehemalige Kulturhaus der Stadt wieder öffnen. Wir treffen auf offene, neugierige Menschen, die etwas wollen und viel bewegen.

Unser fragender, forschender Ansatz hilft uns, in der Stadt anzukommen. Experten sind die Bewohner*innen, die uns jetzt aktenordnerweise mit Dokumenten zu »ihren« Häusern versorgen. Recherchen und Begegnungen sind in dieser Phase unverzichtbare Bestandteile des künstlerischen Prozesses. Der »Modellfall« entsteht als Dialog.

Kleintierzüchter und Tanzensembles, Schulklassen und Seniorenclubs, Geschichts-, Gesangs- und Theaterbegeisterte: Alle sollen sich am »performativen Neugebrauch« der Stadt, zu dem wir aufrufen, beteiligen können. Wir laden die Bürger*innen zu Werkstätten ein, in denen wir mit ihnen den Neugebrauch für sieben brisante Orte der Stadt entwickeln und erproben. Unser fünfköpfiges Künstler*innenteam soll sie dabei anleiten. Bis Juni 2019 entsteht daraus ein Spaziergang mit Theater, Tanz, Musik, Installation und Film, der durch Geschichte, Gegenwart und Zukunft Weißwassers führt. Die ganze Stadt wird zur Bühne.

Den Begriff eines nachhaltigen und demokratischen »Gebrauchs« haben wir dafür von Wilhelm Wagenfeld entlehnt; die Idee der Werkstätten ist inspiriert von seinem Laboratorium in Weißwasser und der Bauhaus-Schule: ein Gestaltungsexperiment, das die Veränderung der Gesellschaft im Blick hatte. »Immer werde ich auf diese Lampe reduziert. Dieses ganze museale Zeug. Viel wichtiger ist doch der neue Geist!«,[6] lassen wir »unseren« Wagenfeld (Heiner Bomhard) beim ersten Auftritt in der Stadt sagen und knüpfen an die Aufbruchstimmung an, die damals vom Bauhaus ausging. Die Lokalzeitung titelt: »Prominenz in Weißwasser«, als Wagenfeld und Neufert (Sebastian Straub) nach 70 Jahren wieder in der Stadt eintreffen. Großer Empfang am Bahnhof. Teichert führt mit Akkordeon den Zug durch die Stadt an.

Auf einmal mittendrin

»Neufert-Bau stoppen! Filz verhindern!« Über Nacht hängt das hausfassadenhohe Banner an einer Wand. Wir gerieten mitten hinein in bestehende Konflikte und Rivalitäten. Der Neufert-Bau-Verein, Projektträger des »Modellfalls«, bemüht sich seit kurzem darum, das denkmalgeschützte Gebäude vor dem Abriss zu retten. Oberbürgermeister Torsten Pötzsch (Wählervereinigung Klartext) unterstützt die Initiative. Doch für viele ist das ehemalige Lagerhaus eine Ruine, die abgerissen gehört.

Als wir 2018 nach Weißwasser kamen, war Pötzsch gerade denkbar knapp für weitere fünf Jahre als OB bestätigt worden. Der Gegenkandidat hatte mit der Rettung des Volkshauses Stimmen gewinnen wollen. Das stand seit zwölf Jahren leer, hatte aber für Ältere, die dort Konzerte, Theater, Jugendweihen, Frauentags- und Faschingsfeiern erlebt hatten, immer noch eine hohe Identifikationskraft. Der klammen Stadt fehlte allerdings das Geld selbst für die notwendigste Instandhaltung, seitdem sich Vattenfall aus dem Braunkohlegeschäft zurückgezogen hatte. Auch war die Bedarfs- und Nutzungsfrage in der geschrumpften Stadt ungeklärt, die mit dem SKZ Telux, den Telux-Sälen und der Sparkasse (!) bereits über Veranstaltungsorte verfügte.

Neufert-Bau oder Volkshaus? Wie bei »Romeo und Julia« die verfeindeten Familien der Capulets und Montagues lagen die beiden Häuser im Streit. Bei den Stadtratswahlen einen Monat vor unserer Stadtbespielung – dem Parcours – lief es auf ein Kopf-an-Kopf-Rennen zwischen Klartext und der AfD hinaus. Die heizte die Stimmung weiter an und streute den unbegründeten Vorwurf, die Stadt würde sinnlos Geld in die Ruine des

Neufert-Baus stecken, statt sich um Notwendiges zu kümmern. Es gab Eltern, die ihren Kindern verbieten wollten, beim »Modellfall« am Neufert-Bau aufzutreten.

»Licht an!« Schon mit unserer »Lichtbrücke« zwischen Neufert-Bau und Volkshaus, unserer ersten Aktion im Stadtraum, setzen wir ein Zeichen für die Verständigung der beiden Häuser und inszenieren das als neuen Bund zwischen den beiden Bauten mit Bauhaus-Erbe. Per blinkende Lichtzeichen beginnen die beiden Häuser miteinander zu kommunizieren.

Der Volkshaus-Freund und ehemalige Kraftwerkstechniker Sievers sagt danach: »Dass ich nicht selbst darauf gekommen bin!« Wir freuen uns über das Kompliment, und er fängt mit anderen Engagierten an, das Bauhaus-Erbe des Gebäudes – der Architekt Emil Lange war Syndikus am Bauhaus in Weimar – genauer zu erforschen.

Kunstvoll Offenheit gestalten

Im Maszladen treffen nun die unterschiedlichsten Menschen aufeinander. Ein Raum jenseits gewohnter Zuschreibungen und Positionierungen entsteht. Hier kann neu gedacht und anders gesprochen werden. Die Fragen und Diskussionen werden zum Prüfstein unserer Ideen.

Der »Frühlingsputz nach Masz« ist schon eine Kooperation mit den Akteuren in der Stadt. Wir erklären das »Aufräumen« zur Kunst; die Geräteausgabe besorgen Wagenfeld und Neufert; im Sternmarsch geht es dann zu den brachliegenden Orten, die wir später im Parcours bespielen werden. Eine erste Aneignung, denn Totholz und Laub werden beseitigt, Beete angelegt und Blumen gesät. Die Schnitterbrache, auf der wir später die Bauhütte errichten, wird mit einem großen Feuer und Musik von Bernadette La Hengst, unserer Werkstattleiterin für Chor und Musik, besetzt. Als am Abend ein großer Feuerwehrwagen kommt, um uns beim Löschen zu helfen, weiß ich, dass wir ein Stück weit angekommen sind.

Aber es ist auch mühselig. Auf der Suche nach Theaterbegeisterten sitze ich im Funktionsgebäude eines Plattenbau-Blocks. Ein Mädchen, ein Junge und eine Rentnerin beraten über die passenden Puppenköpfe fürs »Rumpelstilzchen« zum Frühlingsfest. Die einzige Amateur- oder Schultheatergruppe, die ich finden konnte. Seitdem die Theaterpädagogin weggegangen ist, sei die Gruppe sehr geschrumpft und könne sich leider am »Modellfall« nicht beteiligen, teilt mir die Leiterin bedauernd mit.

Ich muss an Teichert denken und wie er schmerzhaft aufseufzte: »Ihr gebt euch solche Mühe, aber wer soll denn da mitmachen? Die ganze Generation von 30 bis 50 Jahren fehlt doch hier. Das ist alles weggebrochen!« Und Teichert muss es eigentlich wissen, denn er hat lange Jahre fürs Kulturhaus die Faschingsveranstaltungen organisiert und gestaltet. Kann unser Ansatz hier aufgehen?

Aber anders geht es nicht, wenn man nicht bloß ein Feuerwerk abfackeln will, um dann weiterzuziehen. So wird ja oft Kunst gerade in der »Provinz« missverstanden. Und auch die Künstler*innen begreifen dann diesen Ort nur als exotische Kulisse für ihre »Großkunst«, die sich aus der elitären Kunstblase nicht herausbewegt. Sie schließen damit viele Einheimische aus, reproduzieren soziale Ungleichheit und machen diejenigen zu »Dummen«, die dort leben und nichts verstehen. Selbst in sogenannten Beteiligungsprojekten können die Akteure Staffage und Alibi sein für allerlei gedankenloses Zeug oder Mittel für ganz andere Zwecke: Deckmäntelchen einer defizitären, undemokratischen Politik oder bloße Tourismus- und Marketingstrategie. Eine solche Sau durchs Dorf treiben? Dann lieber weiter auf den Prozess vertrauen und auch ein Scheitern in Kauf nehmen.

Wir gründen gemeinsam mit zwei Weißwasseranerinnen die Theaterwerkstatt in der Telux; ein Schulleiter hilft uns dabei, eine Schultheatergruppe aufzubauen; wir sammeln Beteiligte für einen Kinderchor und das Maszorchester, das später auf dem Bahnhofsplatz spielen wird. Wir besuchen die Treffen von Linedancern, Modellbauern und Trommlern. Ein russlanddeutscher Verein will sich beteiligen.

Uns werden Räume aufgeschlossen, die seit Jahren nicht mehr betreten wurden. Bürgermeister Pötzsch führt uns durch die No-go-Area des Volkshauses. Der Telux-Chef zeigt uns die »Rote Kuppe«, wo das Glas geblasen wurde. Die letzte Schicht liegt mehr als 20 Jahre zurück, doch alles ist noch wie damals: Butterdosen und Thermoskannen auf den Tischen, in den Spinden Deos, Zeitschriften und silberne Handschuhe für die Öfen. Paletten mit fertig verpackten Kolbengläsern stehen herum. Stillgestellte Zeit, Dornröschenschlaf. Nicht festgebannt werden jetzt! Wir wollen keinen »Ruinenporno« machen und effektheischend das Bild der untergehenden Stadt wiederkäuen. Wir wollen Neu-Gebrauch entwickeln!

»Als Erstes verwandelt ihr euch jetzt in ein sozialistisches Arbeitskollektiv!« Beim Parcours wird Teichert als Glaskalfaktor[7] hier, wo er einst gearbeitet hat, die Zuschauer empfangen und sie auf die »Werkstraße der Verwandlung« schicken. Dort werden sie Kolbenglas in Glassand zurückverwandeln und ihn am Ende der Produktionskette als Rohstoff für die Zukunft mitnehmen. »Doch bevor es losgeht, bitte Handschuhe und Schürzen ausfassen. Macht hinne! Die Uhr tickt!«

Das Gewebe des »Modellfalls« ist schwer zu beschreiben: Künstlerische und soziale Prozesse, Zufälle und Erdachtes, Dokumentarisches, Biografisches und Fiktionales, reales Handeln und Spiel, Politisches und Poetisches, Menschen, Räume und Atmosphären sind dicht verwebt.

Am Ende ein Leuchten

Am Ende werden am Bahnhof die Russlanddeutschen die Gäste willkommen heißen, Linedancer als »Scherbentänzer« Glas zu Sand zertanzen und die »Normwesen« aus Ernst Neuferts Bauentwurfslehre[8] das zum »Normentempel« verwandelte Lagerhaus bevölkern. Baumeister Thormann wird in die Bauhütte eingezogen sein; polnische und deutsche Jugendliche werden die Glasfachschule zur »Gebrauchsakademie« verwandelt haben; ein Wolf wird – per Videoinstallation – den Dämmer des Volkshaus-Saals bewohnen; und die Volkshaus-Freunde werden Wolfsführungen anbieten. Und die Zuschauer werden – nachdenklich oder beschwingt – von Ort zu Ort ziehen, zuschauen, zuhören, Fragen stellen, mitsingen, ein Fest feiern und sich mitverwandeln lassen. Sogar ein Feuerwerk wird es schließlich geben. Keins, das wir selbst abfackeln, es wird uns zur Eröffnung des Parcours spendiert: von einer fast erblindeten Weißwasseranerin. Der Himmel über Weißwasser leuchtet.

Und dann wird es vorbei sein, und man wird sich fragen, was bleibt. Bei der Abschlussveranstaltung wird Teichert die Bühne stürmen, mir lächelnd das Mikro aus der Hand nehmen und die Verhältnisse richtigstellen: Wer hier wem dankt, wer spricht und wem die Bühne gehört.

Wir werden noch nicht wissen, dass die Theaterwerkstatt weiterproben wird, dass sich eine IG Volkshaus/Neufertbau gründen wird, um gemeinsam Ausstellungen zu organisieren. Dass in der Bauhütte, die wir am letzten Tag der Stadt übergeben haben, Veranstaltungen und Grillabende stattfinden werden und die Volkshaus-Freunde im Volkshaus-Garten Filmabende veranstalten und Feste feiern werden. Und dass die Band Zartbitter und der Chor der Verwandlung weiterhin die Lieder des »Modellfalls« singen werden. Wir werden unsere Plattenbauwohnung und den Maszladen räumen müssen und auf die Kommunikation vertrauen, die wir angestiftet haben.

Aber bevor wir auseinandergehen, machen Sie sich doch bitte selbst noch ein Bild – wir kommen gerade rechtzeitig zum Abschluss des Parcours:

Noch grasen die Ponys unter der Blutbuche im Park der »Gebrauchsakademie«. Wagenfeld und Neufert haben gerade im Hörsaal unter Applaus ihre Simultanvorlesung beendet – nach heftigem Streit darüber, wie die Stadt neu zu erfinden sei, und mit der Einsicht, sich vor allem zuerst selbst neu erfinden zu müssen. Sie haben fast Feierabend und rauchen eine Zigarette im Park. Jetzt werden die Ponys von zwei Mädchen herangeführt und als Einhörner eingekleidet. Neufert hält die Zügel. Zum Schluss wird das gestrickte Horn aufgeschnallt. Auch Wagenfeld und Neufert haben sich umgezogen. Sie tragen jetzt statt der weißen Arbeitskittel goldglänzende Pullover.

Einige Neugierige folgen dem Einhorntreck aus dem alten Villenpark zum Boulevard der sozialistischen Energiestadt. Musik ist zu hören. Die Einhörner trotten zwischen den Plattenbauten hindurch auf den freien Platz, die Rauchschwaden des Grillstands nebeln sie ein. Der Chor singt gerade von der Magie der Verwandlung. Ein paar junge Eishockeyspieler demonstrieren im Hintergrund eine Übung des »Trimm-dich-Pfads für Leib und Seele«. Die Einhörner bahnen sich den Weg durch die Wartenden am Ausschank und eine Gruppe Linedancer mit Westernstiefeln und Cowboyhüten. Einige folgen dem Treck, andere lagern auf der Wiese. Der Blick öffnet sich auf die Stadt unter uns. Die Schlote der alten Glasfabriken ragen in den Abendhimmel. Zwischen den Plattenbauten schlängelt sich der Weg hinab. Ein lauer Wind weht vom Tagebau herüber. Dann ist das »Tor der Verwandlung« erreicht. Die Einhörner trotten hindurch.

Wir werden keine Sau durchs Dorf getrieben haben. Wir werden nicht mehr fortgehen wollen. Wir werden gebraucht worden sein.

Anmerkungen

Eine ausführliche Dokumentation von »Modellfall Weißwasser oder Das Masz aller Dinge« findet sich unter modellfall-weisswasser.de

1 Aufgelegt von der Kulturstiftung des Bundes zum 100. Bauhaus-Jubiläum 2019. »Modellfall Weißwasser« wurde außerdem gefördert durch das Sächsische Staatsministerium des Innern und die Kulturstiftung des Freistaates Sachsen.
2 Hotel Berlin, Ballhaus Ost, Berlin 2016; https://stefannolte.de/schauspiel/hotel-berlin (alle Internetseiten zuletzt abgerufen am 3.12.2020).
3 Siehe z.B. »Orpheus in der Unterwelt«, »Der Gralsucher«, »Schwarz Wald Straße«, »Heimat unter Erde«, »Spurensuche Grafeneck« und »Wohnzeit« unter https://stefannolte.de.
4 Aus dem Song »Rückkehrertelefon«,; Text: Bernadette La Hengst & Zartbitter, Musik: Bernadette La Hengst.
5 Die Kommission für Wachstum, Strukturwandel und Beschäftigung – oft kurz Kohlekommission genannt – wurde von der Bundesregierung eingesetzt und sollte Empfehlungen für Maßnahmen zur sozialen und strukturpolitischen Entwicklung der Braunkohleregionen sowie zu ihrer finanziellen Absicherung erarbeiten. Sie legte im Januar 2019 ihren Abschlussbericht vor, in dem auch Weißwasser Erwähnung findet.
6 Gemeint ist die berühmte Wagenfeld-Lampe; Text: Paul Brodowsky.
7 Das ist der gewitzte Laufbursche der Glasmacher.
8 Die Bauentwurfslehre (BEL) ist das erfolgreichste Buch der Architekturgeschichte und enthält Maße und Normen aller erdenklichen Orte und Gebäudetypen.

Tomaš Čornak / Thomas Zschornak, Bürgermeister der zweisprachigen Gemeinde Njebjelčicy / Nebelschütz

Ein Dorf braucht Kümmerer

Der Bürgermeister von Njebjelčicy / Nebelschütz fördert seit drei Jahrzehnten eine »enkeltaugliche« Gemeindeentwicklung – von Theresa Jacobs und Fabian Jacobs[1]

»Nach der Wende wollte keiner Bürgermeister werden«

Die zweisprachige Gemeinde Njebjelčicy/Nebelschütz im ostsächsischen Landkreis Bautzen umfasst fünf Dörfer mit sorbisch-deutschen Ortsnamen: Wěteńca/Dürrwicknitz, Miłoćicy/Miltitz, Njebjelčicy/Nebelschütz, Pěskecy/Piskowitz und Serbske Pazlicy/Wendischbaselitz. Sie ist eine von fünf Gemeinden des Verwaltungsverbands »Am Klosterwasser« und liegt im zentralen Siedlungsgebiet katholischer Sorben. Die Mehrheit der circa 1200 Einwohner*innen spricht Sorbisch, etwa vier Fünftel sind katholischen Glaubens. Der »Himmelsort«, abgeleitet vom sorbischen *njebjo* für Himmel, sei »enkeltauglich«, so der Bürgermeister der Gemeinde Tomaš Čornak/Thomas Zschornak.[2] Diese Wortschöpfung wurde in den letzten Jahren zu einem Leitbegriff und kam über Umwege auch nach Nebelschütz/Njebjelčicy, nachdem sie erstmals in der »Kinderagenda für Gesundheit und Umwelt 2001« auftauchte.[3] Dort sollte sie nicht nur den Begriff der Nachhaltigkeit plastisch und greifbar machen, sondern auch als eine Ansage an die Politiker verstanden werden, ihre Politik »enkeltauglich« zu gestalten.

Während der sächsische Oberberghauptmann Hans Carl von Carlowitz vor circa 300 Jahren vor allem einen verantwortungsvollen Umgang mit natürlichen Ressourcen etwa durch eine nachhaltige Waldnutzung mittels ausreichender Aufforstung im Blick hatte, schließt »enkeltaugliches« Handeln heute die verantwortliche Weitergabe einer von den Vorfahren übernommenen Welt an die nachkommenden Generationen in lebenswertem und zukunftsfähigem Zustand ein. Der 2001 für die Politik der Bundesministerien für Umwelt und Gesundheit als Verhaltensrichtlinie formulierte Begriff etabliert sich inzwischen nicht nur im alltäglichen Sprachgebrauch, sondern auch auf kommunalpolitischer Ebene.

Mit der Eigenmarke »Nebelschütz, vom Himmel geküsst« und dem Motto »Herzlich, ökologisch, kreativ, sorbisch« habe man sich in den letzten Jahren »enkeltauglich« entwickelt, resümiert Čornak/Zschornak. Der ausgebildete Installateur ist nach der politischen Wende 1989/90 Bürgermeister der Gemeinde geworden, als, wie er sagt, keiner dieses Amt haben wollte. Er hat Verantwortung übernommen in der Zeit des Umbruchs. Durch die Wende waren große Teile der nach 1945 aufgebauten industriellen Strukturen zusammengebrochen. Aufgegebene Gebäude, darunter viele einst von der landwirtschaftlichen Produktionsgenossenschaft genutzte Scheunen und Stallanlagen ehemaliger Drei- und Vierseithöfe, Mülldeponien in jedem Ortsteil waren Sinnbilder allgegenwärtiger Unordnung. Zudem setzten mit dem Strukturbruch Arbeitslosigkeit, Abwanderung und rapide sinkende Geburtenraten ein. Die großen Flächen der Landwirtschaft und zwei Tierzuchtanlagen hatten die Ortsbilder überformt. Nachhaltige Strukturen wie Feldwege und Entwässerungsgräben waren durch Überackerung verschwunden. Auch litt die lebendige sorbisch-deutsche Zweisprachigkeit in der Gemeinde zur DDR-Zeit durch starken Zuzug aus nichtsorbischen Gebieten. Während über viele Jahrhunderte in Familien und im öffentlichen Raum die sorbische Sprache allgegenwärtig gewesen war, sprach man in Nebelschütz/Njebjelčicy Ende der 1980er-Jahre öffentlich kaum noch Sorbisch. Das Bewusstsein um die historisch gewachsene sorbisch-deutsche Zweisprachigkeit war stark zurückgegangen.

Čornak/Zschornak ist selbst zweisprachig aufgewachsen, hat in Njebjelčicy/Nebelschütz seine Frau kennengelernt und ist in den 1980er-Jahren hergezogen. Er fasst die Situation zur Wendezeit kritisch zusammen: »Es gab viele Probleme in der Gemeinde. Die Gemeinde hatte auch damals kaum ein Gesicht gehabt, sie war sehr landwirtschaftlich geprägt, industriell geprägt von der Landwirtschaft. Es war kein Dorf, in dem man sich wohlfühlte. Wir hatten damals große Probleme in der Umwelt. (…) Wir wollten Lebensqualität, und somit habe ich mich dann politisch zum ersten Mal engagiert.«

Die Bewohner*innen realisierten zunehmend die ökologischen Schäden durch die industrielle Landwirtschaft, aber auch die vernachlässigte Infrastruktur der Gemeinde im Straßenbau und die schlechte Trinkwasserversorgung. Deshalb mobilisierten sie sich bereits in der Vorwendezeit. Noch im Frühjahr 1989 gründete Čornak/Zschornak eine Bürgerinitiative, die neben den Umweltproblemen auch den Mangel an (Reise-)Freiheit, Bürgerrechten und Demokratie thematisierte. Durch die Wende eröffneten sich neue Gestaltungsmöglichkeiten in der Kommunalpolitik, die der damals 26-Jährige als Chance begriff und nutzte. Über die von ihm mitbegründete neue CDU-Ortsgruppe wurde er im Mai 1990 in den Gemeinderat gewählt und übernahm das Bürgermeisteramt. Doch dies bedeutete nicht das Ende des zivilgesellschaftlichen Aufbegehrens gegen ökologische Belastungen in seinem direkten Lebensumfeld: »Als kleines Dorf haben wir schon damals das Kämpfen auch in der neuen Gesellschaft kennengelernt.« Gegen die geplante Hochmülldeponie in Sichtweite der Gemeinde und eine unmittelbar am Ort vorbei angelegte Umgehungsstraße wurde mit Straßensperren, Petitionen und weiteren zivilen sowie juristischen Mitteln kollektiver Widerstand geleistet. Damit wurde auch Unmut seitens der höheren politischen Instanzen auf Kreis- und Landesebene in Kauf genommen. Mobilisierungen gegen ökologische Probleme, die die direkte Lebenswelt der Bewohner*innen betreffen, ziehen sich wie ein roter Faden bis in die Gegenwart. So beteiligt sich die Gemeinde beispielsweise an der Aktion »Ackergifte?

Nein Danke!«. Für den Bürgermeister und seine Mitstreiter*innen war das zivile Engagement für Umweltschutz und mehr Lebensqualität ein elementarer Beweggrund, um nach dem gesellschaftlichen Umbruch 1989/90 kommunalpolitisch aktiv zu werden.

»Wichtig ist es, auch die leiseste Stimme zu hören«

Die Mobilisierung der Bewohner*innen für Gemeindeinteressen war, wenn es um akute Bedrohungen des direkten Lebensumfelds ging, eine überschaubare und mit kurzfristigen Aktionen zu meisternde Herausforderung. Ein breites Bewusstsein und Kompetenzen in der Bevölkerung für Basisdemokratie und ökologische Nachhaltigkeit zu entwickeln hingegen sei ein Langzeitprojekt, so der Bürgermeister. Doch genau das nahmen sich die Kommunalpolitiker*innen um Čornak/Zschornak in Njebjelčicy/Nebelschütz vor. Dazu begannen sie, eine »lebenswerte Heimat«, einen Ort »guten Lebens«, für sich und die Nachfahren zu planen und zu gestalten. Sie entwarfen und erprobten »enkeltauglich« angelegte Strategien, die jedoch nicht immer auf unmittelbare und breite Zustimmung der Bewohner*innen stießen. Auch wenn viel Zeit beispielsweise in die Erarbeitung von Satzungen, Plänen und Konzepten für die Gemeinde investiert wurde, um alle Ideen und Vorstellungen zunächst anzuhören und dann zu diskutieren, konnten die Interessen gerade in der Nachwendezeit nicht immer konsensfähig gebündelt werden. Eine Strategie war es zum Beispiel, der Gemeinde durch ortstypische architektonische Gestaltungen wieder ein Gesicht zu geben und sich dabei an der historischen Bausubstanz der Drei- und Vierseitgehöfte zu orientieren. Entsprechende Erhaltungs- und Gestaltungssatzungen wurden auf den sehr gut besuchten Dorfversammlungen heftig diskutiert und mit nur einer Stimme

Mehrheit im Gemeinderat beschlossen. Solche basisdemokratischen Prozesse reflektiert Čornak/Zschornak als notwendig, wenn auch langwierig und kräftezehrend: »Es gab auch Zeiten, wo man sich gefragt hat: Halten wir das aus?«

Für ihre »enkeltaugliche« Dorfentwicklung holte sich die Gemeinde von Anfang an Anregungen von außen. Wesentliche Impulse für die Neuaufstellung und Ausrichtung in der Nachwendezeit kamen zum Beispiel von dem französischen Architekten Gilles Bultel mit seinem Gespür für Vielstimmigkeit und Nachhaltigkeit. Er begleitet die Gemeinde seit 1992, nachdem der Kontakt durch die Städtepartnerschaft von Kamenz und Alzey über einen Investor zustande kam, der in der Gemeinde eine Tiefbaufirma mit 40 Arbeitsplätzen gründete. Der Rat Bultels, jeden Teil der Gemeinde mit seiner Geschichte und Entwicklung zunächst für sich zu sehen, ohne das große Ganze aus den Augen zu verlieren, führte dazu, dass gemeinsam mit den Bürger*innen für jeden Ortsteil nicht nur Erhaltungs- und Gestaltungssatzungen, sondern auch eigene Entwicklungskonzepte geschrieben wurden. Zwei Grundsätze sollten sich darin abbilden: die politische Eigenständigkeit jedes Dorfes sowie die Übertragung von Eigenverantwortung an jede*n Einzelne*n.

Den Anspruch, möglichst viele Bewohner*innen in die Entscheidungs- und Gestaltungsprozesse einzubeziehen, bezog die Gemeinde auch auf die jüngste Generation. Die »leisen« Interessen der Kinder und Kindeskinder zu berücksichtigen wurde schrittweise zum Konsens für kommunalpolitische Entscheidungen. Bis 1991 gab es in der Gemeinde drei Kindergärten und eine Schule. Wegen des rapiden Rückgangs von 20 auf drei Geburten im Jahr überlebte nur *ein* Kindergarten. Die Schule wurde geschlossen. Der Bürgermeister ist sich bewusst: »Die Kinder sind uns das wertvollste Gut. Genau dieses Wissen, was wir in den letzten Jahren als Gemeinde bekommen haben, wollen wir unseren Kindern weitergeben.« Von Beginn an sei man diesen Weg bewusst gegangen. Deshalb konkretisierte die Gemeinde

2008 ihren Plan für einen Kitaneubau, nachdem sich die Geburtenrate wieder stabilisiert hatte. Ein Jahr später kaufte sie ein geeignetes Grundstück im Zentrum des Ortes. »Damit«, so Čornak/Zschornak, »wurde das beste Grundstück, das noch nicht bebaut war, unseren Kindern zur Verfügung gestellt. Also im Herzen der Gemeinde den Kindergarten zu bauen, ähnlich wie bei uns auch der Jugendklub im Zentrum ist. Weil sich gerade bei den Kindern das Heimatgefühl herausbildet.« Es wurden viel Lehm und Holz verbaut. Photovoltaik und Dachbepflanzung fanden in der »ökologisch-kreativen Kindertagesstätte« genauso ihren Platz wie Kreativräume zur kindlichen Entfaltung.

Was keine »Enkeltauglichkeit« aufweist, kann und sollte laut Čornak/Zschornak auch in Zukunft nicht umgesetzt werden, denn »wenn die Kinder in einem Dorf aufgewachsen sind und sich wohlfühlen und eine hohe Lebensqualität haben, ist das die Generation, die wieder zurückkommt. Sie erinnert sich daran, wie man hier gut gelebt hat, und ich glaube, auch diese Energie wird dann an die kommende Generation weitergegeben.« Derzeit verzeichnet die Gemeinde wieder 15 bis 17 Geburten pro Jahr. Die Rückkehrer*innenquote ist hoch und für Zuzugsinteressent*innen gibt es Wartelisten für Baugrundstücke. Nicht zuletzt deshalb wurde unlängst eine Arbeitsgruppe zur Konzeption einer Schule in freier Trägerschaft gegründet, die demokratisch, sozial-ökologisch und zweisprachig ausgerichtet sein soll. »Denn es entsteht nur da etwas«, so Čornak/Zschornak, »wo die Menschen mitwirken und wenn sie sich damit identifizieren, wissen: Das ist die Energie, die ich dem Dorf gebe, die bekomme ich wieder zurück. Und in einer kleinen Struktur, wo politische Verantwortung übernommen wird, wo man kurze Wege hat, sind die Menschen zufrieden, wenn sie nach Hause gehen und sagen können: Das habe ich geschafft.«

»Die Menschen brauchen wieder den Bezug zum Boden, zu Pflanzen und den Lebensmitteln«

Eine weitere Strategie auf dem Weg zur »enkeltauglichen« Gemeinde ist neben den Beteiligungsstrukturen und der Wertschätzung der Kinder die besondere Art und Weise der Aneignung von und der Umgang mit Gemeindeeigentum. »Enkeltauglich« heißt hier gemein(de)wohlorientiertes Wirtschaften, das Kauf- und Nutzungsentscheidungen auf ihre sozial-ökologische Nachhaltigkeit hin prüft, lokalen und umweltverträglichen Wertschöpfungsketten den Vorrang einräumt und damit Gemeingüter als Allmende behandelt, die es nicht nur kollektiv zu nutzen, sondern auch entsprechend zu pflegen gilt. Dafür finden sich neben dem Kitabau weitere Beispiele im Ort. So wurde Ende der 1990er-Jahre ein über 250 Jahre altes Dreiseitgehöft im Fachwerkstil, das Heldhaus, vor dem Abriss gerettet, vollständig restauriert und in eine Herberge umgestaltet. Im Jahr 2000 wurde damit begonnen, Baracken des ehemaligen Sportlerheims mit Unterstützung von circa 1200 ehrenamtlichen Arbeitsstunden zu einem Sport- und Gemeindezentrum umzubauen. Hier haben heute neben der Gemeindeverwaltung die Freiwillige Feuerwehr, ein Friseur, ein Hofladen für regionale und fair gehandelte Produkte sowie der Jugendclub und einige Vereine ihren Sitz. Im Jahr 2005 kaufte die Gemeinde eine stillgelegte Rinderstallanlage, die zu einem kommunalen Bau- und Recyclinghof mit einem kleinen ökologischen Bauerngarten umgebaut wurde. Hier werden gebrauchte Baumaterialien wie Ziegelsteine, Dachziegel, Holzbalken, Fenster und Gehwegplatten aufbereitet und bis zur Wiederverwendung gelagert. Für eine eigenverantwortliche Entwicklung des die Gemeinde durchziehenden Jauertals wurden ein Jahr später 35 Hektar Land inklusive eines angrenzenden Steinbruchs erworben. Den Granitsteinbruch betreibt der lokale Kunst- und Kulturverein Steinleicht e.V., der jährlich zur internationalen Bildhauerwerkstatt »Am Krabatstein« einlädt. Die Renaturierung der Flussaue gehört ebenso zum inzwischen umgesetzten Maßnahmenkatalog wie etwa die Anlage von Streuobstwiesen, Benjeshecken und Wildkräuterwiesen oder die Nutzung von Flächen für Permakultur.

Um derartige ökologische Maßnahmen zu koordinieren und den Bedarf an sogenannten Ausgleichsflächen für private Bauvorhaben zu decken, richtete Njebjelčicy/Nebelschütz als sächsische Pilotgemeinde 2007 ein kommunales »Ökokonto« ein. Über das von dem Landschaftsarchitekturbüro Panse verwaltete Ökokonto werden Privatinvestoren geeignete Flächen für Ausgleichsmaßnahmen angeboten. Dem Zeitgewinn und geringeren Verwaltungsaufwand aufseiten der Bauherren stehen bei der Gemeinde günstige bis kostenlose naturschutzfachliche Maßnahmen gegenüber, die das Landschaftsbild aufwerten und neue Biotope schaffen. Darüber hinaus erwarb die Gemeinde landwirtschaftliche Nutzflächen, um sie an den Ökolandwirt Ignac Wjesela/Ignaz Wessela aus der Nachbargemeinde Chrósćicy/Crostwitz zu verpachten. Dies ist für Čornak/Zschornak ein weiterer Baustein der »enkeltauglichen« Entwicklungsstrategie für das Gemein(de)wohl: »Früher haben sich die Dörfer selbst versorgt. Und das ist in den letzten Jahren auch unsere Philosophie gewesen. Deshalb haben wir als Gemeinde Ackerland gekauft, haben das Dorf so geprägt von der Gestaltung her, dass sich die Drei- und Vierseitgehöfte wieder selbst entwickeln können.«

Zur langfristigen Planung gehört auch die Energiegewinnung aus nachhaltigen Quellen; sie ist in Njebjelčicy/Nebelschütz dreimal so hoch wie der eigene Stromverbrauch. Innerörtlich wird auf natürliche Bepflanzung und eine ökologische Nutzung von Grünflächen gesetzt, was seit einigen Jahren der in der Gemeinde sesshaft gewordene Permakulturdesigner Thomas Noack koordiniert. Schließlich fand man auch für die ehemaligen Stallungen der Sauenzuchtanlage in der Gemeinde eine Nachnutzung: Das neu gegründete Unternehmen Suburban Seafood richtete hier 2018 eine Zuchtanlage für Riesengarnelen in einem geschlossenen nachhaltigen Kreislaufverfahren ein.

»Vieles haben wir von anderen Gemeinden gelernt. Nun lernen andere von Nebelschütz«

Als besonders wertvolle Strategie für die »enkeltaugliche« Gemeindeentwicklung erwies sich von Beginn an die partnerschaftliche Zusammenarbeit mit anderen Kommunen. So wie viele andere Gemeinden in Ostdeutschland hat Njebjelčicy/Nebelschütz in der Nachwendezeit den interkommunalen Erfahrungsaustausch als Möglichkeit gegenseitigen Lernens erkannt und für sich erschlossen. Zu offiziellen Partnerschaftsverträgen mit Namysłów (Polen), Hlučin (Tschechien) und Ladánybene (Ungarn) gesellen sich freundschaftliche Beziehungen zu Gemeinden in Sachsen-Anhalt und Mecklenburg-Vorpommern sowie internationale Kontakte nach Frankreich, Österreich, Dänemark und Benin. Gemeinsam mit vier anderen zweisprachigen Gemeinden in der Ober- und Niederlausitz initiierte die Gemeinde auf regionaler Ebene ein zunächst kommunales Netzwerk, die sogenannte KRABAT-Region. Im Jahr 2001 wurde der KRABAT e. V. gegründet, dem sich mittlerweile weitere Gemeinden, aber auch Unternehmen und Vereine in der Lausitz/Łužica angeschlossen haben. Im Zeichen der sorbischen Sagengestalt Krabat stellen sie Synergien in der touristischen Entwicklung der Region her und forcieren ökonomische Inwertsetzungen von regionalen Ressourcen beispielsweise durch Produktentwicklungen unter einer gemeinsamen Dachmarke. Čornak/Zschornak resümiert: »Wenn man mit den besten Gemeinden vernetzt ist und offen ist, auch neue Wege zu gehen, ist das der Schlüssel für eine enkeltaugliche Entwicklung, wo auch Solidarität eine wichtige Rolle spielt. Dann braucht man nicht unbedingt viel Geld, sondern wird kreativ, wenn das Geld knapp ist.«

»Selbst Verantwortung übernehmen und den Bürger*innen Freiräume lassen, dann kann gemeinsam einiges geschaffen werden«

Nach 30 Jahren »enkeltauglicher« Gemeindeentwicklung in Njebjelčicy/Nebelschütz sind die Früchte der kommunalpolitischen Arbeit des Bürgermeisters und seiner »Kümmerer« unübersehbar. Viele internationale und überregionale Auszeichnungen, darunter der »Europäische Dorferneuerungspreis für ganzheitliche, nachhaltige und mottogerechte Dorfentwicklung von herausragender Qualität« 2008, der Generationenpreis »miteinander« des Freistaates Sachsen 2009 und 2017 der Preis »Kerniges Dorf!« des Bundesministeriums für Ernährung und Landwirtschaft bestätigen den seit 1990 eingeschlagenen Weg, und dies trotz durchaus vorkommender Reibungen und Konflikte.

Über die Kommunalpolitik hinaus geht Čornak/Zschornak den nächsten Schritt. Als Angehöriger der sorbischen Minderheit möchte er auch auf regionaler Ebene Verantwortung übernehmen. Dafür ist ihm Jan Skala ein Vorbild. Der gebürtige Nebelschützer und Namensgeber der Kindertagesstätte engagierte sich in der Weimarer Republik für die Rechte nationaler Minderheiten. Gegenwärtige Chancen für mehr gesellschaftliche Teilhabe der Sorben durch politische Selbstbestimmung und für eine »enkeltaugliche« Entwicklung der gesamten zweisprachigen Lausitz/Łužica sieht der Bürgermeister in einer neuen, basisdemokratisch legitimierten sorbischen Volksvertretung. Daher schloss er sich einer Initiative zur Gründung eines sorbischen Parlaments namens »Serbski sejm« an. Ende 2018 führte die Initiative erstmals Wahlen durch, koordiniert von einem Wahlbüro in Njebjelčicy/Nebelschütz. Von den 24 gewählten Abgeordneten erhielt Čornak/Zschornak die meisten Stimmen der insgesamt circa 900 Wähler*innen.

Selbst Verantwortung übernehmen, das Wissen um »gutes Leben« weitergeben, solidarisch handeln und ein friedliches Miteinander gehören für Čornak/Zschornak zum Leitbild, das er mit dem Wort »enkeltauglich« verbindet und das er vorzuleben versucht, um Mitstreiter*innen zu gewinnen: »Das Dorf braucht Menschen, die sich um das Dorf kümmern, den typischen Kümmerer.« Als zum Beispiel mehrere Einwohnerinnen der Gemeinde bei ihm Interesse anmeldeten, sich um ungepflegte Rabatten im Ort zu kümmern, wurden eine Bereinigung und ein Austausch der Erde möglich gemacht. Mit Unterstützung des Permakulturdesigners haben die neuen Kümmererinnen inzwischen (essbare) Blumen- und Gemüserabatten angelegt und somit die Pflege und Nutzung eines weiteren Gemein(de)guts an die Menschen übergeben.

Quellen

Thomas Wolf: DieSachsen.de's CruiseTalk mit Thomas Wolf und ThomasZschornak, 5.9.2018, www.youtube.com/watch?v=2SvFwu-BO2Y, Cruise Talk#38 (alle Internetseiten zuletzt abgerufen am 3.12.2020)

Peter Laudenbach: Nebelschütz – Heimat mit Zukunft, in: brand eins online, www.brandeins.de/corporate-publishing/sachsen-machen/heimat-mit-zukunft

Nebelschütz – vom Himmel geküsst. Unterlage zur Gemeindeentwicklung, www.regionaler-aufbruch.de/tl_files/texte/pdf/Stransfeld/Aktuelles/Fire%20FTP-Bollewick_2011/Nebelschuetz_An%20den%20eigenen%20Haaren.pdf

Thomas Zschornack: Kommunale Maßnahmen für eine nachhaltige Landschaftsentwicklung (Präsentation), 2017, www.laendlicher-raum.sachsen.de/download/7_BM_Zschornak_Nebelschuetz.pdf

Anmerkungen

1 Eine frühere Version dieses Textes erschien 2019 in Ira Spieker (Hg.): Umbrüche. Erfahrungen gesellschaftlichen Wandels nach 1989 (= Spurensuche. Geschichte und Kultur Sachsens, Band 8), Dresden 2019, S. 46–55.
2 Alle direkten und indirekten Zitate im Text stammen von Tomaš Čornak/Thomas Zschornak, dem Bürgermeister der Gemeinde Njebjelčicy/Nebelschütz.
3 Die Agenda erschien 2001 im Rahmen eines von den Bundesministerien für Gesundheit und Umwelt geförderten »Aktionsprogramms für Umwelt und Gesundheit« (APUG), das unter anderem Nichtregierungsorganisationen vernetzen sollte.

Manuela Kohlbacher und Markus Füller

Perspektive Boxberg
Wie Beteiligung in der Lausitz gelingen kann –
von Manuela Kohlbacher und Markus Füller

»Das ist der letzte Versuch! Wenn das nicht funktioniert, bin ich raus!«

Zwei Jahre lang haben sich etwa acht Boxberger*innen immer und immer wieder getroffen. Sie wollten die Herausforderungen und Chancen des Strukturwandels für ihre Heimat, die Gemeinde Boxberg/Oberlausitz (OL), gemeinsam mit den Menschen konkreter definieren, Ideen sammeln und umsetzen. Zudem war es ihnen wichtig, die 18 Ortsteile der Gemeinde stärker zu verbinden und damit den Zusammenhalt zu stärken. Doch sie empfinden diese zwei Jahre als ergebnislos. Sie sind frustriert, denn von den anfangs mehr als 30 Mitstreiter*innen sind nur noch wenige übrig, und bisher liegen keine Ergebnisse vor. Die Unterstützung durch Fachleute, die sich mit Prozessen, Organisation und Beteiligung auskennen, ist eine noch nicht genutzte Option. Sie soll der letzte Versuch sein, endlich doch noch die guten Absichten umzusetzen.

Boxberg/OL ist die flächengrößte nichtstädtische Gemeinde im Freistaat Sachsen. Mit einer Fläche von 217 Quadratkilometern ist sie fast so groß wie Chemnitz. Die Gemeinde mit ihren knapp 4500 Einwohner*innen liegt im Landkreis Görlitz und gehört vollständig zum sorbischen Siedlungsgebiet. Wenn irgendwo der Begriff von Kernbetroffenheit beim Kohleausstieg passt, dann hier. Im Norden der Gemeinde liegt der Tagebau Nochten, im Osten der Tagebau Reichwalde. Auf dem Gemeindegebiet steht mit einer installierten Leistung von 2575 Megawatt eines der größten Braunkohlekraftwerke Europas.

Die Aufgabe, der sich die engagierten Boxberger*innen mutig stellen, ist groß. Also wollen sie auch groß denken. Zugleich aber soll schnell etwas sichtbar werden. Und bei alledem sollen die Menschen mit ins Boot. Als sie auf die Autoren dieses Beitrags treffen, beginnen sich die Dinge zu sortieren. Deutlich wird, dass es keine Entscheidung zwischen nur groß und nur klein denken braucht. Beides hat seine Berechtigung. Auch die Mischung aus Menschen, die machen wollen, und anderen, die eher aufs Mitnehmen Wert legen, entwickelt sich von einer spannungsgeladenen Differenz zu einer bewussten Stärke.

Der Neustart glückt 2020. Dank der externen Reflexion und Begleitung findet die Boxberger Initiative ihren Weg und nimmt Fahrt auf. Wie sich zeigt, waren die ersten zwei zähen Jahre alles andere als umsonst.

Die bürgerschaftliche Initiative passt in die Zeit. Im Zusammenhang mit dem Strukturwandel in der Lausitz werden seit längerem die Menschen stärker in den Blick genommen. Sie sind es, die die Herausforderungen der Transformation infolge des Kohleausstiegs zu schultern haben. Warum sollen es dann nicht auch sie sein, die die bevorstehende Entwicklung in ihrem Sinne mitgestalten?

Teilhabe, aber wie?

In der Debatte um Partizipation und eine angemessene Teilhabe von Bürger*innen ist stets von der »Zivilgesellschaft« die Rede. Wie also ist es um die Zivilgesellschaft in der Lausitz bestellt? Ganz offensichtlich gibt es dazu unterschiedliche Wahrnehmungen. Wer sich von außen dem Phänomen nähert, kommt meist zu der Einschätzung, dass die Lausitzer Zivilgesellschaft wenig entwickelt sei. Untersetzt wird das mit dem Hinweis auf mangelnde zivilgesellschaftliche Strukturen und fehlende Ressourcen. Die Innensicht bietet einen anderen Eindruck. Aus dieser Perspektive fällt der Blick auf eine durchaus agile Bürgerschaft, die engagiert, aber sehr kleinteilig unterwegs ist. Oftmals ist sie in Netzwerken verbunden, die nicht über einen aufspürbaren Organisationsgrad verfügen.[1]

Zu diesem Auseinanderfallen der externen und der internen Wahrnehmung passt ein Befund des im Frühjahr 2020 erstmals erhobenen Lausitz-Monitors. Dort heißt es: »Etwa ein Drittel der Lausitzer hat Interesse, sich aktiv am Wandel zu beteiligen.« Wirklich aktiv wurden zuletzt jedoch nur 13 Prozent.[2] In zwei Punkten bestätigt dieses Umfrageergebnis unsere Wahrnehmung: Zum einen liefert die Aussage eine Begründung dafür, dass Akteure aus der Lausitz deutlich mehr bürgerschaftliches Engagement wahrnehmen, als dies von außen sichtbar ist. Zum anderen zeugt es von einem großen Potenzial, das durch geeignete Formen der Aktivierung zugunsten der regionalen Entwicklung erschlossen werden kann.

Die Boxberger Initiative liefert sowohl für den Befund als auch für die Aktivierung ein eindrucksvolles Beispiel. Zu keiner Zeit fehlte es an Engagement oder an der Bereitschaft, mit anderen gemeinsam aktiv zu werden. Doch es brauchte Zeit und den richtigen Kniff, den Knoten zu öffnen.

Aktivierung gelingt offenbar dann, wenn es ein gemeinsames Verständnis zwischen denen gibt, die sich einbringen wollen, und denen, die die Beteiligung beziehungsweise den auf Beteiligung hinwirkenden Prozess moderieren. Bei der Prozessbegleitung in Boxberg/OL war die Erarbeitung dieses Verständnisses ein enorm wichtiger Schritt. Das konstruktive Streiten um Strategien, Themen, Methoden und erste Maßnahmen zwischen Bürger*innen mit wirtschaftlichem (Unternehmer*innen) und eher kulturellem oder sozialberuflichem Hintergrund war für alle Beteiligten eine Herausforderung. Im Verlauf des Prozesses zeigte sich, dass sich genau auf diesem holprigen Weg eine robuste Struktur etablieren konnte, die die Verzahnung von unternehmerischen/wirtschaftlichen, bürgerschaftlichen und verwaltungsnahen Akteuren bereits in sich trägt.

Organisator*innen von Beteiligungsprozessen bieten Erfahrung und Ausdauer. Für den Erfolg des Prozesses ist es unabdingbar, diese mit den Erfahrungen der lokalen Akteure in Einklang zu bringen und die Perspektiven der Mitwirkenden und ihres Umfeldes zu berücksichtigen. Vorausgedachte Prozessdesigns sind dabei wichtig, die Flexibilität in ihrer Anwendung ebenso. In Boxberg wurde der anfangs konzipierte Ablauf des Prozesses in diesem Sinne einige Male angepasst. Die Auseinandersetzung zwischen der Boxberger Initiativgruppe und den Prozessbegleitern erfolgte konstruktiv auf Augenhöhe.

Viele klassische Beteiligungsangebote finden in einem anderen Verständnis statt. Sie leben davon, dass sie professionell von politischen Entscheidungsträgern im Verbund mit Partizipationsprofis erdacht werden. Die Menschen werden dann als Objekte betrachtet. Sie werden »an den Tisch geladen«, beispielsweise um beratend tätig zu werden. An tatsächlichen Entscheidungen sind sie in den meisten Fällen kaum bis gar nicht beteiligt.

Beteiligung von unten

In der Gemeinde Boxberg/OL wurde der Beteiligungsprozess von unten, also aus der Bürgerschaft heraus initiiert. Die Bürger*innen handelten. Sie luden sich ihrerseits Sachverständige aus Verwaltung, Wirtschaft und Politik an den Tisch. Im praktischen Miteinander der drei Sektoren Politik/Verwaltung, Wirtschaft und Zivilgesellschaft erübrigte es sich für die Boxberger Beteiligungswilligen, sich als Zivilgesellschaft zu definieren und darüber Bedeutung einzufordern. Sie verschafften sich den nötigen Respekt durch eine zugewandte Ansprache und entschlossenes Handeln.

Die Forderung nach einer angemessenen Berücksichtigung der Zivilgesellschaft in gesellschaftspolitischen Prozessen hat auch Eingang in eine grundsätzliche Diskussion um das Miteinander der drei Sektoren Politik und Verwaltung, Wirtschaft und Unternehmen und eben der Zivilgesellschaft, also Vereinen und bürgerschaftlichen Initiativen, gefunden. Geführt wird diese Debatte unter dem Stichwort der Trisektoralität.[3] Man braucht die zahlreichen empirischen Studien nicht zu lesen, um festzustellen, dass das Miteinander der Bereiche vielfach verbesserungsbedürftig ist. Wie diese Verbesserung jedoch konkret gestaltet werden kann und sollte, bleibt oft vage.

Beteiligungsangebote »von unten«, wenn also Menschen nicht auf eine Beteiligungsofferte warten, sondern von sich aus eigene Gestaltungsräume zu öffnen versuchen, haben es dagegen oftmals noch mit einem anderen Phänomen zu tun: Anstatt Unterstützung zu erfahren, schlägt ihnen immer wieder Skepsis entgegen. Die Diskussion verschiebt sich von den Inhalten auf eine Ebene von unterstellten Interessen und unerwünschten Haltungen. Auch in Boxberg/OL zeugen die Erfahrungsberichte von einem nicht unbedingt erwarteten Rechtfertigungsdruck. So wird einem erfolgreichen Unternehmer unterstellt, er sei eher von einem wirtschaftlichen Eigeninteresse angetrieben als an einer positiven gemeinschaftlichen Entwicklung interessiert. Zündstoff bietet auch die Selbstverständlichkeit, mit der Interessierte einbezogen werden, unabhängig, welcher Partei sie nahestehen.

In einer Region, in der die AfD sowohl bei den Kommunal- als auch Landtagswahlen 2019 vielfach die meisten Stimmen erhielt, fällt der Blick auf Zivilgesellschaft offenbar kritischer aus. Insbesondere Beteiligungswillige stellen sich die Frage, ob Vertreter*innen oder Wähler*innen einer zugelassenen Partei der Zivilgesellschaft nicht nur im Rechtsverständnis, sondern auch im Verständnis vieler Beteiligungsinstitutionen überhaupt angehören. Zweifelsohne ist der Grat zwischen Abgrenzung und Ausgrenzung schmal.

Wirksam werden, zur richtigen Zeit

Der Bewertungsdruck von außen kann eine Initiative von Bürger*innen im Keim ersticken. Und doch hat er nicht nur Nachteile. Wie aus der Physik bekannt, erhöht der Druck von außen die Komprimierung im Inneren. Das erzeugt dann positive Wirkungen, wenn sich dadurch die eigene Energie in einem gesunden Maß erhöht. In der Initiative Boxberg/OL war genau das der Fall. So waren sich die Initiator*innen einig darin, dass es nicht genügt, mit einer allgemein formulierten Einladung zur Beteiligung in die Öffentlichkeit zu gehen, sondern dies erst dann zu tun, wenn erste Erfolge zu verzeichnen sind. So sollten Ideen und Inhalte greif- und vorzeigbar werden, sodass es sich lohnt, an weiteren Erfolgen mitzuwirken.

Die Frage des richtigen Zeitpunkts hinsichtlich der öffentlichkeitswirksamen Einladung in allen Ortsteilen wurde immer wieder diskutiert. Im Ergebnis ließen die Prozessbegleiter*innen der Initiative ihr eigenes Tempo. Nachdem sie die ersten Projektfördermittel verbuchen konnte, trat sie mit großem Selbstbewusstsein an die Öffentlichkeit. Insofern bedeutet die Begleitung von Beteiligungsprozessen immer auch ein Lernen auf beiden Seiten.

Der Schritt in die Öffentlichkeit erfolgte knapp ein Jahr nach Beginn des begleiteten Beteiligungsprozesses. Die Struktur war gefestigt, erste Ergebnisse vorzeigbar. Bezüglich der Struktur hat sich die Initiative für einen gemeinnützigen Verein entschieden. Dieser hat den Zweck, beide eingangs genannten Ziele umzusetzen, und bietet gleichzeitig die Möglichkeit, dafür finanzielle Mittel zu akquirieren und einzusetzen. Als vorzeigbare Ergebnisse können ein umfangreicher Plan mit Maßnahmen in den Kategorien (E-)Mobilität, Tourismus, Kultur, Daseinsvorsorge, Naturschutz und Freizeit sowie Kooperationen mit Kammern, der Lausitz Energie Kraftwerke AG (LEAG) als Eigentümer und Betreiber des Kraftwerkes Boxberg und drei positiv beschiedene

Projektanträge, die erste finanzielle Mittel einspielen, präsentiert werden. Weiterhin ist eine Kooperationsvereinbarung mit der Gemeindeverwaltung in Arbeit, durch die der Verein als gleichberechtigter Partner in die Entwicklung von Strategien und die Umsetzung entsprechender Maßnahmen eingebunden ist.

Der Weg und die Arbeit des Perspektive Boxberg e.V. mag ein besonderes Beispiel für eine beteiligungsorientierte Initiative von unten sein. Sie steht aber auf keinen Fall allein. Verschiedene Beteiligungsprozesse bringen Menschen in der Lausitz mit unterschiedlicher Wirkungskraft zusammen. Darin erleben wir eine selbstbewusste Zivilgesellschaft, sprechen mit Vertreter*innen von Rückkehrerinitiativen, Vereinen zur Stadtverschönerung oder Ortschaftsräten. Überall finden wir Engagement und den Anspruch zur Mitgestaltung vor. Auch erleben wir immer wieder Kuriositäten einer mitunter nicht einmal mäßig funktionierenden Kommunikation zwischen den Menschen in der Lausitz und ihren Verwaltungen. Einzig mit dem Begriff Zivilgesellschaft fehlt jegliche Identifikation. Wie kann das sein?

Fremdeln mit der Zivilgesellschaft

Auf der einen Seite gründen sich in der Lausitz Initiativen, die ausdrücklich einer vermeintlich schwachen Zivilgesellschaft den Rücken stärken wollen. Sie warnen davor, dass ebenjene Zivilgesellschaft neben den dominanten Akteursgruppen aus Politik, Wirtschaft und Wissenschaft ins Hintertreffen geraten könnte.[4] »Nur durch eine explizite Stärkung der Zivilgesellschaft in der Region«, meint beispielsweise der Lausitzer Perspektiven e.V., könne die in der Lausitz »bisher gering entwickelte Innovationsintensität (…) befördert werden«.[5] Neben dieser eigenen Kompetenz werden der Zivilgesellschaft eine besondere Gemeinwohlorientierung und damit eine wertvollere Interessenvertretung unterstellt, als dies Parteien oder unternehmerisch agierende Gruppen für sich in Anspruch nehmen können. Auf der anderen Seite fühlen sich zahlreiche Lausitzer Akteure, die sich nach Kräften in Vereinen und Initiativen in das gesellschaftliche Leben einbringen und an der Verbesserung ihres Lebensumfeldes arbeiten, von dieser Unterstützung nicht wirklich angesprochen.

Natürlich wäre das ein interessanter Forschungsgegenstand. Ohne derartige Ergebnisse abzuwarten, lassen sich einige Vermutungen anstellen. Dabei sollen drei Aspekte kurz betrachtet werden: die Ausrichtung des Engagements, die Köpfe hinter den Initiativen und das Selbstverständnis der Akteure.

Die Ausrichtung

Ob in der Lausitzer Grenzstadt Forst, in der ostsächsischen Gemeinde Boxberg/OL oder in der südbrandenburgischen Kernrevierstadt Spremberg: Überall treffen wir auf Menschen, die nicht lange fackeln. Die Vehemenz ihres Handelns richtet sich danach, was sie erreichen wollen. Wenn sie die Verwaltung brauchen, sprechen sie mit der Verwaltung. Ist unternehmerisches Engagement gefragt, gehen sie auf Unternehmer*innen zu. Braucht es mehr Power, werben sie um weitere Mitstreiter*innen oder suchen Verbündete. Es soll kein Zweifel daran aufkommen, dass nicht auch diese Akteure dicke Bretter bohren und regelmäßig an Grenzen stoßen. Zumeist aber treibt sie Entschlossenheit und Pragmatismus.

Die Lausitzer Initiativen, die wir im Blick haben, machen sich wenig Gedanken über ein gesondertes Rollenverständnis und Fragen struktureller Macht. Ehe sie Aufmerksamkeit für ihren Verein als Teil einer regionalen Zivilgesellschaft einfordern, adressieren sie in ihrer Angelegenheit Stadtverordnete, kontaktieren Mitglieder anderer Vereine oder kandidieren selbst als Mitglied eines Ortsbeirates.

Die Köpfe

Die Köpfe hinter den Lausitzer Initiativen sind so vielfältig wie die Initiativen selbst. Da sind sozial Engagierte, die auf einem sicheren Wertefundament stehen und von Empathie getrieben sind. Da sind Selbständige, die etwas bewegen wollen und bei jedem Verweis auf die Verwaltung die Stirn in Falten legen. Da sind kluge Pensionäre mit Zeit und Motivation.[6] Verbunden sind sie, wie das Boxberger Beispiel zeigt, in Initiativen, die den Strukturwandel aktiv mitgestalten.

Viele dieser Lausitzer Akteure eint nicht nur die Befremdung über den Begriff Zivilgesellschaft. Sie fremdeln auch mit jenen, die unter diesem Begriff ein gemeinsames Dach über die Engagierten in der Lausitz spannen wollen. Häufig folgen dann Verweise darauf, dass viele programmatische Streiter für eine starke Zivilgesellschaft über Stiftungen und Trägerstrukturen praktisch als Zivilgesellschaft ihr Geld verdienen. Das setzt Fragezeichen hinter das Engagement. Nicht nur dieses Misstrauen scheint das Miteinander verschiedener Gruppierungen innerhalb der Zivilgesellschaft schwer zu machen. Hinzu kommt eine zwar längst überkommene, aber dennoch oftmals nicht überwindbare Debatte über richtige oder falsche Prämissen bürgerschaftlichen Engagements.[7]

Das Selbstverständnis

Unterschiede gibt es unseren Beobachtungen nach auch beim eigenen Selbstverständnis der Engagierten. Wer mit der These einer starken Zivilgesellschaft in die Auseinandersetzung um Beteiligung zieht, versteht sich als wichtiger Teil eines eigenen gesellschaftlichen Sektors, der abgrenzbar gegenüber anderen Sektoren erscheint. Die Lausitzer Praxis lebt indes zuhauf von Typen, die in verschiedenen Bereichen gleichzeitig zu Hause sind. Da ist der Vorsitzende des Stadtverschönerungsvereins gleichzeitig Unternehmer und Stadtverordneter. Die Ortsvorsteherin arbeitet in der Stadtverwaltung. Und der Mitinitiator eines neuen Vereins nimmt die Herausforderungen des Strukturwandels zugleich als Mittelständler mit Verantwortung für mehrere Dutzend Arbeitsplätze wahr. Sie alle verstehen sich zwar gleichermaßen als selbstbewusste Akteure, passen aber nicht in ein enges sektorales Selbstverständnis. Natürlich sind sie Zivilgesellschaft. Zugleich aber agieren sie in ihren verschiedenen Funktionen auch im Sektor Wirtschaft und/oder im Sektor Politik und Verwaltung. Welche Chancen und Risiken diese Trisektoralität in einer Person birgt, ist bislang nur marginal analysiert worden. Diese Überlegungen stellen einmal mehr infrage, wie sich Zivilgesellschaft fassen und abgrenzen lässt.[8]

Der eingangs zitierte Boxberger übrigens ist nicht raus. Er ist immer noch dabei und zufrieden mit dem Verlauf des Prozesses. In Kürze wird eine große Ideenwerkstatt nicht nur die Bürger*innen aus allen Ortsteilen zusammenbringen. Auch die Sächsische Staatskanzlei und Vertreter*innen der Landespolitik sind aufmerksam auf den etwas ungewöhnlichen, aber ambitionierten Verein Perspektive Boxberg geworden und werden an der Ideenwerkstatt teilnehmen. Eine Ideenwerkstatt, bei der nicht Externe die Menschen zur Beteiligung an den Tisch laden, sondern Boxberger*innen, die sich selbst auf den Weg gemacht haben, um beteiligt zu sein. Externe Experten sind dennoch willkommen, weil der Verein um die Chance und auch die Notwendigkeit weiß, Profis aus anderen Bereichen und Regionen einzubinden.

Anmerkungen

1 Diese These bestätigen Johannes Staemmler, Jana Priemer und Julia Gabler in ihrer Studie »Zivilgesellschaft im Strukturwandel« (2020) für die jüngere Generation: »Junge Lausitzerinnen und Lausitzer binden sich weniger an die klassischen Organisationsformen, sondern engagieren sich – oftmals informell – in ihren eigenen Lebensbereichen« (S. 4).
2 Vgl. Stefan Bischoff/Jörg Heidig: Lausitz-Monitor 2020, https://lausitz-monitor.de/ergebnisse/ (alle Internetseiten zuletzt abgerufen am 4.12.2020).
3 Vgl. beispielsweise Körber-Stiftung: Handbuch der Engagierten Stadt, 2020, https://www.engagiertestadt.de/wp-content/uploads/Broschuere-ES_200605.pdf, S. 13.
4 Vgl. dazu exemplarisch die Initiative Bürgerregion Lausitz. Im Selbstverständnis der Initiative zur bürgerschaftlichen Mitgestaltung des Strukturwandels heißt es, dass die Lausitzer Zivilgesellschaft »von der Politik und von der Wirtschaft in diesem Wandlungsprozess übergangen, ja vergessen zu werden« drohe. Bürgerregion Lausitz: Was wir wollen, 2020, https://buergerregion-lausitz.de/wp/buergerregion-ueber-uns/was-wir-wollen/.
5 Vgl. Lausitzer Perspektiven: Fonds Zivilgesellschaft Lausitz, 2018, http://www.lausitzer-perspektiven.de/de/positionen/wofuer-wir-eintreten/fonds-zivilgesellschaft-lausitz.
6 Bislang werden leider nur wenige Jugendliche über Kinder- und Jugendbeiräte hinaus regionalpolitisch aktiv.
7 Wechselseitig vermeiden Initiativen eine Annäherung, weil mal den einen die klimapolitischen Ambitionen zu weit gehen, mal den anderen die industriepolitischen. Auch wenn über derartige gesellschaftliche Ausrichtungen trefflich und sinnhaft zu streiten ist, versperren sie den Blick auf inhaltliche Übereinstimmungen.
8 Diese Diskussion soll hier nicht vertieft werden. Wir verweisen auf die Definition von Zivilgesellschaft in der IASS-Studie, die eine Abgrenzung nach Bereich und Funktion, nicht im engeren Sinne nach Akteursgruppen vornimmt. Vgl. Staemmler/Priemer/Gabler: Zivilgesellschaft (wie Anm. 1), S. 7.

Die Pfarrerin Jadwiga Mahling

Strukturwandel ist kleinteilig, konkret und manchmal mühevoll

Die sorbische Pfarrerin Jadwiga Mahling
aus Schleife im Gespräch mit Sînziana Schönfelder[1]

Jadwiga Mahling, 36 Jahre alt, verheiratet und Mutter von zwei Kindern, ist Sorbin, Theologin und Pfarrerin im Schleifer Kirchspiel, zu dem eine Kirche und acht Dörfer in drei Kommunen in Sachsen und Brandenburg – Schleife, Rohne, Mulkwitz, Mühlrose, Trebendorf, Halbendorf, Groß Düben und Lieskau – gehören.

Liebe Frau Mahling, was hat Sie bewegt, Pfarrerin zu werden, und wie sind Sie eigentlich nach Schleife gekommen? Sind Sie als Pfarrerin in den Dienst hier entsandt worden?

Ich komme selbst aus der Lausitz, aus der Bautzener Ecke, aus einer Pfarrersfamilie in der sechsten, siebten Generation, konkret: Mein Vater ist Pfarrer. Kirche, Glaube haben bei uns immer eine Rolle gespielt. Der Weg, selber Theologie zu studieren, ist mein eigener Weg. Ein junger Pfarrer und Einsätze mit der jungen Gemeinde in einem Kinderheim in Rumänien haben mich geprägt. Nach der Schule war ich ein Jahr in Spanien und habe mich dort entschieden, Theologie zu studieren. Noch in der Schule wählte ich den Religionsunterricht ab, weil er einfach nicht gut war. Physik hatte ich als Leistungskurs, weshalb ich mir hätte vorstellen können, Physik zu studieren. Trotzdem entschied ich mich für die Metaphysik, also für ein Theologiestudium in Greifswald, Tübingen, Heidelberg, Beirut (an der Near East School of Theology) und in Leipzig. Im Jahr 2011 habe ich mein Erstes Kirchliches Examen abgelegt und mich aus persönlichen Gründen gegen eine wissenschaftliche Laufbahn entschieden. Ich ging ins Vikariat nach Machern bei Leipzig. Nach meinem Zweiten Kirchlichen Examen erfuhr ich, dass im Kirchspiel Schleife seit längerer Zeit eine Pfarrstelle ausgeschrieben war. Das reizte mich aus verschiedenen Gründen: einmal das Sorbische, wobei der Schleifer Dialekt besonders ist. Ich kannte diese Region von Kindheitstagen. Mich hat es sehr gereizt, in die sorbische Heideregion zu gehen, und natürlich ging es mir auch um die ganze Braunkohleproblematik, weil ich mich von Jugend an für Umweltprobleme und die Geschichten dazu interessiere. Andere Faktoren, wie die Schule vor Ort, waren dann ausschlaggebend, dass ich mich nach Schleife bewarb. Normalerweise wird man geschickt. Aber wenn man ins Ländliche will, dann kann man sich die Stelle auch aussuchen.

Auch wenn es schon einige Pfarrerinnen gibt, denke ich, dass dieser Beruf eher von Männern dominiert wird. War und ist es eine Herausforderung für Sie, Pfarrerin zu sein und als Frau eine gewisse Autorität zu haben?

Hier in der Evangelischen Kirche Berlin-Brandenburg-schlesische Oberlausitz ist alles in Richtung Berlin orientiert, und dadurch ist es viel einfacher und offener als anderswo. Vor mir war schon einmal eine Pfarrerin hier in Schleife tätig, und ich glaube, dass das wichtig war. Sie war nur fünf Jahre im Amt, aber sie hat vieles für mich geöffnet. Es ist wahrscheinlich schwer, wenn zum ersten Mal eine Pfarrerin kommt. Ansonsten muss ich sagen, dass es in unserer Landeskirche seit 50 bis 60 Jahren normal ist, dass Frauen ordiniert werden. Die Menschen kennen andere Pfarrerinnen, und das Rollenbild verändert sich auch im Pfarrerberuf. Derzeit studieren mehr Frauen Theologie als Männer, und die Prognose ist, dass der Pfarrerberuf zunehmend zum Frauenberuf wird. Man hat trotzdem immer wieder auch mit Klischees und Vorurteilen zu tun, wobei ich das bei uns im Kirchenkreis und in der Landeskirche nicht so stark erlebe. Es ist manchmal schwierig für ältere Gemeindeglieder, die einfach in ihrer Kindheit und Jugend stark von einem alten Pfarrerbild geprägt wurden. Natürlich müssen sich die Gemeindeglieder an eine junge Pfarrerin und auch an eine junge Familie gewöhnen. Das nehme ich ihnen nicht übel. Selber sagen sie, dass sie hier noch nie eine junge Pfarrfamilie hatten, wo die Frau Pfarrerin ist.

Wie groß ist Ihre Kirchgemeinde, und wie sind die Proportionen zwischen Christen und Nichtchristen?

Die Kirchengemeinde Schleife hat insgesamt ungefähr 1500 Gemeindeglieder in acht Dörfern, aber nur eine Kirche. Die Menschen sind schon seit Jahrhunderten gewöhnt, in die Kirche zu fahren. Im Schleifer Kirchspiel sind etwa 20 bis 25 Prozent der Einwohner Kirchenmitglieder. Es wird Wert auf Tradition gelegt, die Kirche steht selbstverständlich im Mittelpunkt des Dorfes und wird als Partner akzeptiert.

Sind alle Gemeindemitglieder Sorben?

Da kommen wir zur Frage: Wer ist ein Sorbe, eine Sorbin? Ich würde sagen, 80 Prozent haben einen sorbischen Hintergrund. Das fällt bei den Familiennamen auf, die sehr traditionell sind, wie Nagorka, Krautz, Nowak, Gnilica, Sprejz und so weiter. Nach dem Zweiten Weltkrieg wurde in den meisten Familien die sorbische Sprache abgelegt. Das war eine langfristige Entwicklung: Zum einen waren es die Repressalien gegen die Sorben in der preußischen und natürlich besonders in der nationalsozialistischen Zeit. Sorbische Pfarrer und Lehrer wurden aus den Orten ausgewiesen, um die »Germanisierung« voranzubringen. Auch hier im Schleifer Kirchspiel wurde der sorbischsprachige Pfarrer Gottfried Rösler im Jahr 1938 ausgewiesen.

Wie war die Situation nach 1945?

Nach dem Zweiten Weltkrieg galt dann nicht mehr das Ideal, das Jahrhunderte geprägt hat: die fest im Sorbischen und im Glauben verankerte bäuerlich-forstwirtschaftliche Kultur. Das neue Ideal war der sozialistische Arbeiter, der im Tagebau arbeitet und selbstverständlich Deutsch spricht und keine Tracht trägt. Die Sprache wurde erneut abgelegt und in den meisten Fällen auch die Tracht. Die 80- bis 90-Jährigen sind alle noch muttersprachlich aufgewachsen, beherrschen die Sprache auch. Die 60- bis 70-Jährigen verstehen sie, weil sie Sorbisch bei ihren Großeltern gehört und gelernt haben. Die jüngere Generation, die in der DDR aufgewachsen ist, versteht sicherlich einzelne Worte, aber das Sprachniveau ist rudimentär. Das betrifft vor allem die Nieder- und Mittellausitz, weil dort die Braunkohlevorkommen sind. Insgesamt wurden 130 Dörfer durch die Jahrzehnte devastiert. Wenn Leute in die Städte ziehen, in Wohnblocks nach Weißwasser und Hoyerswerda, werden sie entwurzelt, sie verlieren ihre Sprache und Kultur. Besonders in der Mittel- und Niederlausitz ist die sprachliche Situation prekär. Sprachlich besser gestellt sind die Gegend um Bautzen herum und die katholischen Dörfer. Nichtsdestotrotz muss man sagen, auch dort verringert sich die Zahl der muttersprachlichen Sorben bis heute. Für mich sind Sprache, Kultur, Traditionen und Bräuche identitätsstiftend. Ab wann ist man Sorbe oder Sorbin? Ich glaube, einige hier im Schleifer Kirchspiel würden sagen: »Wir sind Sorben, wir sprechen die Sprache nicht, aber an Festtagen tragen wir die Tracht.«

»Eine Gesellschaft lebt permanent im Strukturwandel, besonders hier in der Lausitz«

Kommen wir zum Strukturwandel. In der Gemeinde Schleife befindet sich das letzte Dorf im Osten Deutschlands, das abgebaggert werden soll. Wie ist die Atmosphäre in Ihrer Gemeinde? Wie erlebt sie den Strukturwandel?

Ich finde dieses Wort Strukturwandel sehr problematisch, weil wir immer in einem Wandel der Strukturen leben: der Wandel der Strukturen nach dem Zweiten Weltkrieg, dann als die Bauern in die landwirtschaftlichen Produktionsgenossenschaften gezwungen wurden, die Wende 1989/90, danach die Massenentlassungen und so weiter. Das war jedes Mal ein massiver Wandel der Strukturen. Eine Gesellschaft lebt permanent im Strukturwandel, besonders hier in der Lausitz.

Aber jetzt geht es gerade wieder richtig los.

Nichtsdestotrotz sind wir derzeit hier im Schleifer Kirchspiel besonders davon betroffen: Das Schleifer Kirchspiel oder Teile davon, wie Rohne, Mulkwitz, Mühlrose, waren schon zu DDR-Zeiten als Bergbauvorranggebiet gelistet. Es durfte nicht mehr gebaut werden, da die Umsiedlung schon geplant war. Deshalb sind deren Ortskerne auch so historisch und so charakteristisch, weil die ganzen alten Höfe erhalten blieben. In den 1990er-Jahren folgte ein großes Aufblühen durch den Neubau und die Renovierung der Häuser, denn der neue Braunkohleplan sah keine Devastierung der Dörfer mehr vor: »Ihr könnt bauen, ihr werdet nicht umgesiedelt.«

Wann hat sich das geändert? Aktuell soll Mühlrose umgesiedelt werden.

Das änderte sich radikal im Jahr 2006: Im neuen Revierkonzept stand, dass die Orte Rohne, Mulkwitz, Mühlrose, Schleife südlich der Bahn und Klein-Trebendorf devastiert und abgebaggert werden sollten. Das hätte für das Schleifer Kirchspiel die Umsiedlung von 1700 Menschen und die Umsetzung von drei Friedhöfen bedeutet. Mit dieser Aussage fielen sofort die Grundstückswerte, denn wer zieht noch in ein Dorf, das umgesiedelt werden soll? Die Menschen haben dann zehn Jahre lang die Umsiedlung geplant. Anfang 2015 sagte der Eigentümer, der schwedische Staatskonzern Vattenfall: Wir verkaufen unsere Braunkohlesparte, wir wollen in die Richtung erneuerbare Energien, Braunkohle ist schwierig für uns. Dann erfolgte der

Verkauf an EPH, ein tschechisch-multinationales Konsortium mit undurchsichtigen Strukturen. 2017 gab der neue Besitzer ein neues Revierkonzept bekannt: Die Orte Schleife südlich der Bahn, Rohne, Mulkwitz und auch Klein-Trebendorf werden nicht in Anspruch genommen, dafür aber eventuell der Ort Mühlrose. Nach zehn Jahren Investitionsstopp – die Menschen hatten sich innerlich von ihren Häusern verabschiedet – wieder eine Wendung: »Ihr könnt bleiben!«

Wie kommen die Menschen vor Ort mit diesem ununterbrochenen Hin und Her klar? Gibt es Hoffnung?

Die Menschen in den Orten, die bleiben, schöpfen wieder Hoffnung, sie haben sich in ihrem strukturellen Denken wieder gewandelt, weil sie in ihren Häusern bleiben werden. Sie müssen nun neu beginnen, sich mit ihrem Ort zu identifizieren. Das ist für mich Strukturwandel! Der Ort Mühlrose ist wahrscheinlich das letzte Dorf in Ostdeutschland, das noch zur Umsiedlung freigegeben werden soll. Derzeit handelt es sich um eine freiwillige vorzeitige Umsiedlung. Erst in einigen Jahren, wenn der Braunkohleplan genehmigt werden sollte, kann die Umsiedlung auch bergrechtlich durchgesetzt werden. Doch ob der umgeschriebene Braunkohleplan noch genehmigt wird, steht in den Sternen.

Was ich derzeit in Mühlrose erlebe, ist das Ende eines historischen Ortes, weil der historische sorbische Ort Mühlrose durch Streit, aber auch durch Wegzug zerfällt. Menschen siedeln weg, die Häuser und die Höfe, auch die historischen, werden abgerissen. Nur einige wenige werden bleiben.

Die Situation, in der wir hier im Schleifer Kirchspiel leben, bedeutet eine große Ungleichzeitigkeit. Einige Menschen bleiben in ihren Häusern, bauen gar neu, investieren in die Zukunft, gründen Familien. Andere sind im Zwiespalt: Bleibe ich oder ziehe ich um? – Die Menschen haben erkannt, dass die Geschichte mit der Kohle eine endliche ist! Früher war immer der

Kohlekonzern da: Er finanzierte sehr viel ins Vereinsleben. Eine neue Schule und Feuerwehren wurden gebaut. Vor meiner Zeit wurde sogar die Kirche vom Bergbauunternehmen saniert.

In diese Dörfer sind unheimlich viele Gelder geflossen und das verändert sich derzeit in der Haltung der Menschen: Es ist nicht mehr alles nur vom Bergbauunternehmen abhängig. Die Leute entwickeln wieder mehr Eigeninitiative, eigene Ideen. In Rohne soll beispielsweise eine Kulturscheune entstehen, die Bushaltestelle wurde zur Lesehaltestelle ausgebaut und so weiter. Und darüber freue ich mich! Ich sehe dem Ganzen sehr positiv entgegen. Die Menschen identifizieren sich wieder mehr mit ihrer Heimat, mit dem, was ihre Dörfer wertvoll macht.

»In meinen Predigten thematisiere ich fast nie die Braunkohleproblematik. Ich predige biblische Geschichten, und diese sprechen für sich«

Man stellt sich irgendwann die Frage: Wo will ich leben, was will ich eigentlich, und welche Möglichkeiten habe ich?

Ja! Ein Strukturwandel wie der jetzige kann nur funktionieren, wenn die Menschen Initiativen und Ideen entwickeln. Mit viel Geld von oben allein funktioniert das nicht. Diese Dörfer haben erlebt, was viel Geld bedeutet: Streit, Neid und eine Lähmung der Eigeninitiative. Genau das ist hier in den letzten Jahren passiert. Es wurde nur erwartet, dass das Bergbauunternehmen bezahlt, und fertig. Geld behindert – aus meiner Perspektive – auch den Wandel der Strukturen; ein großer Geldregen wird das Denken der Menschen nicht verändern. Wir sehen das gerade in Trebendorf. Dort wurde ein großer Sportpark errichtet, und derzeit ermittelt das Landeskriminalamt Sachsen wegen Unterschlagung. Das zerreißt einen kleinen Ort, weil es Begehrlichkeiten gibt: Die eine Familie war dort beteiligt, die andere Familie anderswo. Jetzt gibt es Hausdurchsuchungen in Trebendorf.

Und deshalb ist ein Strukturwandel, bei dem nur Wirtschaftsförderung und Infrastruktur im Fokus stehen, schwierig. Werden hingegen Kultur und alternative Schulen gefördert, kommen vielleicht auch Familien her, die ihre Kinder lieber in eine freie Schule schicken. Sie überlegen sich dann, ob sie aus dem großstädtischen Raum doch ins ländliche Gebiet ziehen.

Wie muss man sich die Konflikte zwischen den Menschen in Ihrer Gemeinde vorstellen? Sie haben dann beide Seiten vor sich. Müssen Sie manchmal zwischen den Parteien schlichten?

Viele denken, man redet viel als Pfarrerin oder man muss viel reden. Die Hauptaufgabe für mich als Pfarrerin ist aber zuzuhören. Ich bin für die Menschen da, und das ist auch die Stärke der Kirche und des Glaubens. Egal welcher Partei sie angehören oder wie sie zur Braunkohleproblematik stehen: Wir feiern gemeinsam Gottesdienst! Und das ist das Besondere. Was ich sehr schön finde: Die Menschen kommen trotz allem in die Kirche, in den Gottesdienst und finden Halt. In meinen Predigten thematisiere ich fast nie die Braunkohleproblematik. Ich predige biblische Geschichten, und diese sprechen für sich.

Und nach der Predigt kommen sie manchmal zu Ihnen und sagen ...?

»Es hat gepasst!« Das sehe ich als zentrale und absolut wichtige Aufgabe in unserem Kirchspiel, weil diese acht Dörfer in drei Kommunen aufgeteilt sind, die wiederum durch das Kirchliche zusammengehalten werden. Deshalb heißt es auch: Acht Dörfer – ein Kirchspiel. Die Frage ist immer: Wie kann man diesen Zusammenhalt schaffen? Denn man braucht hier auf dem Dorf keinen philosophischen Lesekreis zu gründen. Es wäre schön, aber es funktioniert vielleicht nicht so.

Ich habe erkannt, dass für die Menschen zum Beispiel die Feuerwehr sehr wichtig ist, und deshalb habe ich begonnen, Feuerwehrgottesdienste für alle acht Feuerwehren aus allen acht

Dörfern zu machen, und wir feiern zusammen ihren Einsatz. Sie sind für alles immer da. Die Feuerwehren kümmern sich um die Organisation von Dorffesten, sie löschen Waldbrände, die wir hier in der Region häufiger haben, sie sind bei Unfällen da und so weiter. Sie sind die erste Einsatztruppe der Dörfer. Das auch zu sehen, zu würdigen und wertzuschätzen, finde ich wichtig.

Es sind verbindende Maßnahmen, bei denen es nicht darum geht: Ihr seid *die* Kommune – wir sind *die* Kommune, oder: Ihr habt so viel Geld bekommen – und wir gar nichts. – Das steht nicht im Mittelpunkt. Was verbindet uns eigentlich? Jedes Dorf hat eine Feuerwehr, das verbindet uns. Das Grundproblem liegt darin, dass sich die Menschen oft nicht gesehen und wertgeschätzt fühlen. Wertschätzung: dass man die Menschen in dem, was sie sind, mit ihren Problemen, aber auch mit ihren schönen Seiten sieht. Dass wir die christliche Botschaft »Du bist geliebt, du bist gewollt, so wie du bist, Gott sieht dich, Gott segnet dich« weitervermitteln. Und das ist positiv, das ist positive Energie, das ist eine Hoffnungsbotschaft!

Und selbst hier, wo wir eine massive Umweltzerstörung erleben. Der Tagebau rückt tagtäglich näher. Wir haben eine extreme Grundwasserabsenkung. Die Bäume und die Wälder sterben. Trotzdem gilt es, mit der biblischen Botschaft zu sagen: Und es kommt »ein neuer Himmel und eine neue Erde« (Offenbarung 21,1-8). Es ist nicht Schluss am Karfreitag, der Tod ist nicht das Ende! Nicht das Sterben, das wir hier tagtäglich erleben! Es kommt Ostern, es kommt die Auferstehung! Wir wissen noch nicht, wie, wir können das jetzt nicht sehen, weil wir oft nur Tod und Sterben sehen. Aber unsere Hoffnung ist, dass unser Leben über den Tod hinausreicht. Auch für diese Region, die so gebeutelt ist, die 130 Dörfer verloren hat. Auch für diese Region, die wirklich blutet und so verwundet ist, gibt es eine Zukunft! Da bin ich mir sehr gewiss; mein Glauben trägt mich da durch. Und diese Hoffnung will ich den Menschen hier vermitteln, vor Ort!

»Der Regen und der Segen können in unserer Region nur von oben kommen. Es ist fast biblisch«

Sie sagten, dass Sie nicht über die aktuelle Lage und über die gegenwärtige Situation predigen, es sind eher die biblischen Geschichten, die Sie sich vornehmen, und Sie geben die immer aktuelle Botschaft weiter. Das ist, soweit ich es überblicke, heutzutage eher untypisch protestantisch, über die Politik, über das unmittelbar Aktuelle nicht zu sprechen.

Der Protestantismus legt viel Wert auf Bibelauslegung, da bin ich ganz protestantisch. Jedoch war mir während meines Studiums immer die interkonfessionelle und interreligiöse Sichtweise wichtig. Zudem wurde meine geistig-geistliche Haltung auch durch mehrere Aufenthalte im Kloster auf Zeit geprägt. Ich glaube fest daran, dass das Gebet mehr bewirken kann als noch so viel Geld. Ich glaube, dass wir hier nur mit Gottes Hilfe durch diese ganze Situation kommen. Hier gibt es zum Beispiel kein Grundwasser mehr, denn die Brunnen sind trocken, die Bäume sterben. Der Regen und der Segen können in unserer Region nur von oben kommen. Es ist fast biblisch.

Und so lerne ich auch, die Bibel neu und anders zu lesen. Ich möchte zurück zu den Wurzeln gehen, in dem Sinne, dass man schaut, was die Region jahrhundertelang geprägt hat: das Sorbische, das Kirchliche, der Glauben. Das hat den Menschen Halt gegeben! Im Nachhinein wird die Epoche des Bergbaus in der Lausitz ein Fingerzeig der Geschichte sein, von 80, 90 Jahren. Aber das andere war Jahrhunderte da, und das andere wird auch weiter sein!

Sie sind mit dem Glauben hier eher in der Diaspora, wenn 80 Prozent der Menschen diesen Halt nicht haben. Damit meine ich diejenigen, die nicht kirchlich sind. Kommen die Menschen trotzdem zu Ihren Angeboten? Oder was nehmen Sie wahr, was haben sie stattdessen?

Da muss man realistisch sein: Wir sind in der Minderheit und wir brauchen neue biblische Bilder: »Ihr seid das Salz der Erde« (Matthäus 5,13-14). Und Salz kann man auch nicht kiloweise essen! Also: Ihr seid das Salz der Erde, ihr werdet immer nur die Prise sein, die was verändert, vielleicht einen neuen Impuls setzt oder die vielleicht auf etwas hinweist, was die anderen nicht sehen.

Wir werden wahrscheinlich nicht alle Menschen erreichen, weil die Gesellschaft derzeit so ist, wie sie ist. Aber gerade das Salz ist trotzdem wichtig. Da sehe ich mich auch wieder im Vorteil. Die ältere Pfarrergeneration leidet sehr darunter, dass die Gemeinden immer kleiner werden. Wir jüngeren Pfarrerinnen und Pfarrer sind in diese Situation hinein ausgebildet worden. Wir gehen von Anfang an in diese Gemeinden mit dem Wissen: Wir sind eine Minderheit, wir sind eine kleine Gemeinde. Und wir gehen mit einer anderen Selbstverständlichkeit in die Situation hinein. Wir wissen, wir werden nicht alle erreichen. Wir haben vielleicht den Anspruch, Salz der Erde oder Licht der Welt mit dem Glauben zu sein. Wir sind vielleicht ein Leuchtturm, denken aber nicht, dass wir jetzt flächendeckend alles abdecken müssen. Und das ist, glaube ich, auch ein Wandel der Strukturen.

Ich freue mich, dass jetzt viele Leitungspositionen – auch hier in der Umgebung die Hort- und Schulleitungen, die Kindergartenleitungen – von jungen Frauen und Männern eingenommen werden. Die stark DDR-geprägte Generation geht jetzt in Rente. Viele sind jetzt in den Leitungspositionen, die anders aufgewachsen sind, anders ausgebildet wurden, die in Netzwerken ausgebildet sind und denken. Wir kooperieren selbstverständlich, und es gibt nicht mehr die alten Grabenkämpfe von Sozialismus und sozialistischer Schule, die gegen die Kirche sind und gegen die Kirche kämpfen. Das ist Strukturwandel für mich: eine neue Generation, die neu denkt.

Also auch, dass die Stellung der Kirche selbstverständlich anerkannt und akzeptiert wird, auch von denjenigen, die nicht religiös sind?

Genau.

... weil sie es verstanden haben, nicht gegeneinander, sondern füreinander zu sein?

Das Ganze mit dem Strukturwandel ist viel kleiner zu denken. Strukturwandel ist immer so eine große Blase. Der Strukturwandel vor Ort ist sehr konkret und sehr klein. In diesem Jahr machen wir die Kinderbibeltage zum Thema Brunnen in Kooperation mit dem Hort in Schleife. Das wäre vor 20 oder 15 Jahren überhaupt nicht denkbar gewesen, weil es natürlich viel zu große Vorbehalte gegenüber dem Religiösen gab. Nun ist eine neue Generation da, und religiöse Kompetenz ist Teil des sächsischen Lehrplanes, muss also vermittelt werden. Warum kann man dann nicht zusammen Kinderbibeltage gestalten? Strukturwandel ist für mich sehr konkret, manchmal auch sehr mühevoll. Dafür braucht man nicht unbedingt viel Geld, man braucht Menschen, die dafür eintreten und die offen sind. Für die Zukunft offene Menschen: Das ist für mich Strukturwandel.

»Mit Menschen, die was gestalten wollen, kann man hier etwas bewegen. Darin sehe ich eine positive Zukunft der Lausitz!«

Was fehlt Ihnen hier, oder was wünschen Sie sich für Ihre Gemeinde?

Mir gefällt im Schleifer Kirchspiel, dass wir die Traditionen, das Sorbische, die Bräuche, dass wir das alles noch haben. Und ich wünsche mir, dass die Menschen hier mehr Selbstbewusstsein und mehr Stolz für alles, was es hier gibt, entwickeln. Dass sie stolz auf ihre Region, auf ihre Kultur und auf ihre Geschichte sind. Dass sie das, wo Touristen kommen und sagen: »Toll, was ihr alles habt«, dass sie das für sich selbst entdecken.

Die Lausitz hat trotz der langen Braunkohlezeit noch eine wunderschöne Natur. Es gibt Zusammenhalt. Man hilft sich, man kennt sich, und das wird als etwas Positives erlebt. Da wünsche ich mir einfach, dass die Leute positiv in die Zukunft blicken. Dass sie nicht denken, hier ist das Ende der Welt. Wir sind hier im Mittelpunkt Europas. Zwischen westlicher und osteuropäischer Welt. Warum nicht mit Menschen in Polen oder Tschechien kooperieren? Ich wünsche mir, dass Menschen über ihren Tellerrand hinausblicken. Ich erlebe derzeit, dass Menschen, nachdem sie zehn bis 15 Jahre in Westdeutschland gelebt haben, wieder hierher zurückziehen und neue Ideen mitbringen. Darüber freu ich mich. So ist zum Beispiel eine Frau, die viele Jahre in München lebte, jetzt wieder in die Heimat zurückgekommen und sie engagiert sich im Gemeindekirchenrat. Und will natürlich auch was verändern. Das ist toll! Und mit Menschen, die was gestalten wollen, kann man hier was machen und etwas bewegen. Darin sehe ich eine positive Zukunft der Lausitz! Denn ich lebe sehr gern hier!

Anmerkung

1   Eine gekürzte Version dieses Gesprächs erschien im Oktober 2020 im Online-Journal von »F wie Kraft« (www.fwiekraft.de). Wir veröffentlichen es hier mit freundlicher Genehmigung der Hochschule Zittau/Görlitz und »F wie Kraft«.

Die Raumpioniere Jan Hufenbach und Arielle Kohlschmidt

Mit Lust in die Provinz
Die Raumpioniere Arielle Kohlschmidt und Jan Hufenbach
locken Menschen aus den Großstädten in die Oberlausitz

Arielle: Lausitzer Kindheit

Ich bin in der Niederlausitz aufgewachsen – genauer: in Cottbus-Sandow, einem Neubaugebiet. Das Beste daran war der Himmel, in den ich mich hineinträumen konnte, wenn ich im achten Stock in meinem Bett lag. Schaute ich aus dem Fenster, sah ich das Kraftwerk Jänschwalde, das beständig Kohle in schlechte Luft verwandelte. Dafür hatten wir bequeme Fernwärme. Kam der Wind aus Süden, roch es nach Schwarze Pumpe – einem weiteren Kraftwerk. Man konnte spürte, dass da ein Stück Lausitzer Seele verbrannte. Es roch modrig und krank.

Wurzeln schlug ich in Cottbus nicht. Das Industrielle, Kalte stieß mich schon früh ab. Der »Energiebezirk Cottbus« mit seinen vielen Strommasten, mit Nutz-Kiefernwäldern, mit den Kultur und Natur raubenden Riesenbaggern und -löchern (ein Drittel der Fläche!), mit den vielen, sich hier neu ansiedelnden Menschen, die der Spur des Geldes folgten, durchdrang die Atmosphäre der eigentlich hübschen Stadt in eigentlich idyllischer Lage an der Spree kurz vor dem Spreewald.

An manchem Wochenende fuhren wir zu den verlassenen Dörfern, die kurz vor dem Abbaggern standen. In den herrlich verwilderten Gärten konnte man Kirschen pflücken und herumstöbern. Eine dicke Traurigkeit lag über diesen Orten, aber auch ein Gefühl von Abenteuer, Möglichkeit und Freiheit.

Wurde ja nun alles abgebaggert, weil wir ein besseres und leichteres Leben führen wollten. Ich hinterfragte das nicht. Dass Menschen mit Freude ihre Gesellschaft und ihr Umfeld gestalten, gehörte nicht zu meinem Repertoire ostdeutscher Prägung.

In mir blieb die archetypische Erfahrung des Gartens zurück. Eines Gewebes, in dem Pflanzen, Tiere und Menschen verbunden waren und dessen tiefen Sinn ich spürte.

1995, mit 17 Jahren, zog ich ins wilde, aufregende Berlin und dachte nicht im Traum daran, jemals in die Lausitz zurückzukehren.

Heute, 25 Jahre später, wohne ich im letzten Dorf des ehemaligen Bezirks Cottbus, nun in der sächsischen Oberlausitz gelegen. Nachdem ich viele Jahre lang die Freiheit der Stadt ausgekostet hatte, zog es mich immer wieder an Orte, wo ich Erde fühlen, frische Luft riechen, die Weite des Horizonts in mir aufnehmen und in der Natur sein konnte. Irgendwann fragte ich mich, warum ich nicht einfach dort blieb. Und irgendwann setzte ich das um. Ohne Businessplan und zu viele Gedanken. Mit einem beherzten Sprung ins kalte Wasser.

Ich war Autorin, schrieb für den Kinderkanal, brachte mir gerade selbst Grafikdesign, Webprogrammierung und Filmschnitt bei und war in den 2000ern dank Internet wohl eine der ersten digitalen NomadInnen. Nach einigen Stationen in der Prignitz und Dresden mit der Gewissheit, dass das Landleben wirklich meins ist, kaufte ich ein Haus in der Oberlausitz. Einige meiner Auftraggeber saßen in der Gegend. Die Wärme der wunderschönen Stadt Görlitz und ihrer Menschen und das unschlagbar günstige Haus in Neißenähe gaben den Ausschlag.

Jan: Neuland Lausitz für Entdecker

Die Lausitz kannte ich aus dem Wetterbericht und Niederschlesien durch die Straßennamen im alten Berliner Bezirk SO36, sprich Kreuzberg. Görlitz? Ja klar, Görlitzer Bahnhof, Görlitzer Park (»Görli«) und all die anderen Straßen, die nach Pückler, Sorau, Forst und so weiter heißen. Alles Fremdwörter oder besser: Fremdorte.

Ich wusste zwar, dass eine meiner Uromas ihren Ursprung in Sagan hatte, aber ich hatte mir nie Gedanken darüber gemacht, dass das heutige Żagań nicht nur im polnischen Teil der alten Oberlausitz liegt, sondern auch nahe Görlitz. So war ich sehr überrascht, es knapp 25 Kilometer von meinem jetzigen Wohnort entfernt zu finden.

In den zehn Jahren, die ich in Berlin verbrachte, fuhr ich nahezu ausschließlich – wenn es denn mal rausging – gen Mecklenburg-Vorpommern oder in die Uckermark. Richtung Süden: Fehlanzeige. Ein schwarzer Fleck in meiner Entdeckungslandschaft. Trotz »Görli, Görli« keine Idee vom wunderschönen Görlitz und der Nähe zu Polen und Tschechien.

Das änderte sich 2009. Berlin hatte ich satt, eine neue Freundin, neue Ideen und Ziele, und holterdiepolter ging es raus aus dem städtischen Getöse in die Naturruhe eines 70-Seelen-Dorfes an der Neiße. So irritierend ruhig, dass Städter oft genug nicht einschlafen können, wenn sie uns besuchen.

Aber was dort machen? Sich selbständig machen, na klar: Rural Entrepreneurship! Zuerst lernten sich unsere Herzen kennen, aber wir merkten schnell, dass wir unsere vielfältigen Kompetenzen zusammenwürfeln und so etwas wie eine »Kreativagentur« starten könnten. Wir wollten unsere Kraft in Selbstvermarktung stecken, Chancen aufgreifen und in einem echt kleinen Nest in der Oberlausitz durchstarten – die Digitalisierung machte es möglich.

Unser Wunsch, eine GbR zu gründen, zog für mich die dritte Entrepreneur-Schulung meines Lebens nach sich, und 2010 ging es los. Wenn wir in den ersten Jahren gefragt wurden, »was wir denn so machen«, haben wir geantwortet: Text, Bild, Film, Ton und Konzeption. Wir boten also alles an, was machbar war, und das war gut so. Mit der Zeit haben sich unsere Arbeitsfelder verschlankt und fokussiert.

Das Wichtigste beim Ankommen war es, Menschen kennenzulernen. Persönlich und offen. Coopetition (Kooperationswettbewerb) statt Konkurrenz. Zusammenarbeiten statt Ellenbogen zeigen. Und das hat von Anfang an funktioniert. Wir brachten viele schöne Projekte mit vielen klugen Machern auf den Weg. So hat sich nicht nur unser Business entwickelt, sondern auch viele tolle Freundschaften.

Wir sind digital, mobil, agil – und das alles im (vermeintlichen) Hinterland. Per Internet sind wir an den Rest der Welt angeschlossen. Social Media does it! Facebook, Xing, Linkedin – you name it. Sehr förderlich war auch unser Engagement für und mit den Wirtschaftsjunioren, für die Arielle in den sächsischen Landesvorstand zog und über diesen Weg unseren heutigen Ministerpräsidenten Michael Kretschmer eine Woche lang im Bundestag begleiten konnte. Er war einer der ersten ideellen Unterstützer unseres Projektes.

Arielle: Gründer gründen noch mehr

So lebten wir uns einige Jahre hinein in unser neues Landleben – immer wachen Auges, was hier noch möglich war und was getan werden wollte. Wenn wir unterwegs waren, spielten wir ständig das Spiel »Was gründen wir hier?«. Es gab und gibt unendlich viele Nischen.

Im Frühling 2015 verdichteten sich unsere Erfahrungen zu einer neuen Idee:

Wir haben hier günstigen Raum
+ Städter sehnen sich nach dem Landleben,
sind sich aber unsicher
+ Die Digitalisierung macht neue Arbeitsmodelle möglich
+ Wir kennen beide Welten und sind den Weg
schon gegangen
= Wir werden die Brücke zwischen diesen Städtern
und den hier lebenden Menschen sein!

Es musste ein Realitätstest her. So schrieb ich auf die Homepage unserer Kreativagentur: »Wir sind Raumpioniere – Städter, die in eine Gegend gezogen sind, die viele andere verlassen haben. Wer auch immer sich mit dem gleichen Gedanken trägt, komme vorbei. Wir teilen unsere Erfahrungen.«

Es dauerte nicht lange, bis sich ein Professor für Drehbuch und seine Partnerin, eine Kunstpädagogin, bei uns meldeten. Das war der Beweis: Es funktioniert! Wir luden sie ein, verbrachten einen inspirierenden Nachmittag in unserem Garten und machten sie anschließend mit unserem Netzwerk bekannt. Der Prototyp war entwickelt. Den Begriff Raumpioniere testeten wir bei unseren Freunden in den Städten. Er vermittelte genau das, was wir uns erhofften und selbst erfuhren. Er machte das Leben in einer aus städtischer Sicht »abgehängten« Provinz zum Abenteuer. Auf dieser Grundlage schrieben wir ein Konzept: Die Raumpionierstation Oberlausitz berät und begleitet Zuzügler und Rückkehrer, baut dafür ein Netzwerk aus bereits hier lebenden Raumpionieren auf und macht sie und ihre Geschichten sichtbar. Denn wo schon zehn Raumpioniere sind, kommen leicht weitere hinzu. Im Lassaner Winkel, kurz vor Usedom, hatten wir das gesehen. Rund um ein Dorf mit sehr aktiven und unternehmerisch denkenden Zuzüglern war eine raumpionierentwickelte Region gewachsen.

Für die uns so lieb gewordene Oberlausitz – mit katastrophalen demografischen Prognosen – wollten wir neue Menschen gewinnen, die mit Tatkraft und neuen Perspektiven Entwicklungen anschieben und tragen. Durch das Netzwerk lernen sich Menschen kennen, die gemeinsam neue Ideen kreieren und regionale Wirtschaftskreisläufe aufbauen.

Jan: Pas de deux von Demografie und Leerstand

Die zweite Seite einer Katastrophe ist die Chance. Alte Strukturen lösen sich auf, Neues kann entstehen. Über unsere Projektarbeit mit der Raumpionierstation und ebenso über die Aufträge des Landkreises Görlitz, von sächsischen Institutionen und zuletzt von der Zukunftswerkstatt Lausitz wurde unser Blick mehr und mehr auf den umfassenden Themenkomplex »Leerstand und Leerstandsmanagement« vor dem Hintergrund der teils extremen demografischen Entwicklung in den ländlichen Räumen gerichtet. Was für ein Potenzial! Was für eine interessante Aufgabe, die da gestemmt werden muss. Auf den ersten Blick erscheint alles einfach und einleuchtend: Viele Städter wollen raus ins Ländliche, und auf dem Land gibt es teilweise drastischen Leerstand, der sich in den kommenden 15 bis 20 Jahren verstärken wird. Eigentlich eine Win-Doppelplus-Situation. Eigentlich. Doch so einfach ist es nicht. Woran hakt es?

Die allermeisten Städter haben schlichtweg kein Spielgeld, um sich ein Haus oder einen Hof auf dem Land zu kaufen, und sei es auch ein vergleichsweise kleiner Betrag von 50 000 Euro. Die Deutschen sind zwar laut Statistik die Supersparer, aber das Medianvermögen liegt gerade mal bei 17 500 Euro[1], und das ist nach der Höhe der geordneten Gesamtmenge aller einzelnen Vermögen genau in der Mitte zwischen der reicheren und der ärmeren Hälfte der Bevölkerung.[2]

Hinzu kommt, dass es in den ländlichen Räumen Ostdeutschlands nur sehr wenig für Städter attraktiven Mietwohnraum gibt – Plattenbau gibt es immer wieder, günstig und renoviert dazu. Aber wer zieht schon aus einer charmanten Kreuzberger Altbauwohnung in eine Kleinstadtplatte auf dem Land?

Mit Gemeinschaftsprojekten lässt sich schon eher etwas bewegen. Hier reicht die Spannbreite vom Mehrgenerationenwohnen bis hin zu Selbstversorgergemeinschaften. Aber nur ein

Teil der suchenden Städter ist bereit, in die Ungewissheit und Unstetigkeit eines Gemeinschaftsprojekts einzusteigen.

Auch bei der ländlichen Bevölkerung gibt es Wissens- oder besser: Perspektivdefizite. Ein Beispiel: Der demografische Wandel – also die zunehmende Überalterung und der Weggang vieler junger Menschen – hat dazu geführt, dass viele große Häuser und Höfe oft nur noch von einer Person bewohnt werden, die keinesfalls daran denkt, ihr Eigentum zu verlassen. Dass es allerdings durchaus machbare Konzepte gibt, Haus und Hof zu bevölkern, um schließlich die Immobilie »in gute Hände« überführen zu können, wird nur selten gedacht und noch seltener gemacht. Mietkauf, Leibrente und Mehrgenerationenwohnen sind Themen, die – bei allen Vorteilen – noch nicht in den Köpfen angekommen sind. Auch daran arbeiten wir.

Arielle: Das muss doch jemand fördern

Das Arbeitsfeld war groß, also wollten wir unser Projekt groß aufziehen. Das musste doch jemandem etwas wert sein! Die Fördermittelsuche war allerdings im ersten Jahr frustrierend. Nirgendwo passten wir so richtig dazu, vor Ort waren die Zweifel groß, dass unser Konzept irgendetwas bringen würde. Wir kassierten eine Absage nach der anderen.

Im Frühjahr 2017 wollten wir bei der Förderrichtlinie Demografie des Freistaates Sachsen den letzten Versuch starten, bevor wir die Idee begraben. Das Gespräch war sehr freundlich und wohlwollend und führte dennoch in eine Sackgasse. Die Website sollte aus dem Projekt gestrichen werden. Die Befürchtung war, nach der Förderzeit eine Internetleiche zu hinterlassen. In dem Moment verwandelte sich das vergebliche Klopfen der letzten Monate in innere Wut: »Wir sind Kreative«, meinte ich, »wir stehen nicht lange vor verschlossenen Türen. Dann machen wir eben was anderes!« Das kippte die Situation zu unseren Gunsten, und eine zweijährige Förderung wurde uns in Aussicht gestellt. Seitdem läuft es!

Mit dem Pommritzer Bewusst-Sein e.V. fanden wir einen Träger. Den leidigen Eigenanteil stellte uns dankenswerterweise der Landkreis Görlitz über seine Entwicklungsgesellschaft zur Verfügung.

Mit dem Geld finanzierten wir zum einen unsere »1. Landebahn für Landlustige«. Eine Veranstaltung, die Input zur »Neuen Ländlichkeit« gab und Städter einlud, mit bereits hier lebenden Raumpionieren in Austausch zu kommen. Zwei Wochen vorher waren wir ausgebucht. 140 Menschen, davon zwei Drittel Städter, trafen sich in der Hafenstube in Weißwasser. Dieses »Massenerlebnis« an einem als menschenleer vermuteten Ort ist für potenzielle Neulinge besonders wichtig. Viele fürchten, im Ländlichen einsam zu sein, und wollen am liebsten mit ihrem halben Kiez umziehen. Nach so einer Erfahrung kommen viele zu uns und sagen: »Nun kann ich auch alleine kommen. Hier sind ja schon viele.«

Zum anderen kauften wir unser Raumpioniermobil – eine alte, fotogene Feuerwehr, mit der wir zu »meetups« und mobilen Beratungen in die Metropolen fahren.

2019 wurde Jan Neulandgewinner der Robert-Bosch-Stiftung, und eine Handvoll weiterer Förderer wie beispielsweise die Kulturstiftung des Freistaates Sachsen und der Sächsische Mitmach-Fonds unterstützen uns.

Jan: Ein Netz werken und posaunen

Wenn es uns an einem nicht fehlt, dann sind es Kontakte zu Menschen. Unser größter Schatz ist unser sehr diverses, stetig wachsendes Netzwerk, nicht nur in der Oberlausitz, sondern in viele ländliche Weiten hinein. Das kommt uns einerseits persönlich zugute, denn wir lernen immer wieder Leute kennen, mit denen sich Freundschaften entwickeln. Andererseits können wir die Menschen, die in unsere Beratung kommen, in den meisten Fällen direkt an kompetente Ansprechpartner weiterleiten. Jeder und jede, mit denen wir in Kontakt treten, wird ganz nebenbei zum nächsten Multiplikator.

Natürlich nutzen wir auch Social Media. Unser Facebook-Profil hat ordentliche Klickraten, und wir haben die Möglichkeit, die Vielfalt an Themen, die die ländlichen Räume betreffen, bestmöglich zu streuen. Klassisches Marketing können wir auch. Anzeigen, mobile Großflächenplakate in Berlin und Dresden, Beachflags an den Standorten unserer Raumpioniere, Flyer, Banner, Plakate. Das funktioniert, ist aber vergleichsweise teuer.

Kostenlos hingegen und ein richtiger Bringer war und ist unsere Pressearbeit. Von Anfang an haben wir Medien und Journalisten bundesweit angesprochen, um möglichst überall auf unser Projekt aufmerksam zu machen. Der Durchbruch gelang gleich nach ein paar Monaten Projektlaufzeit mit einem mehrseitigen Artikel in dem Wirtschaftsmagazin *brand eins*. Seitdem ist alles dabei, was man sich nur wünschen kann: Von der *Superillu* über alle großen deutschen Tageszeitungen bis hin zu *Ökotest* und *DB Mobil*. Der Publikationsstapel ist inzwischen einen halben Meter hoch. Insgesamt zählen wir eine Reichweite von mehr als zehn Millionen Kontakten. Unbezahlbar.

Arielle: Menschen, nicht Fachkräfte

Viele, die zu uns kommen, haben schon über mehrere Kanäle von uns gehört. Auch Mundpropaganda funktioniert fantastisch.

Was sind das für Menschen, die heutzutage die Städte verlassen wollen? Da wir uns nicht auf Fachkräfte oder Familien spezialisieren, sondern Menschen als solche ansprechen, ist das Feld sehr divers: Programmierer, Künstler, Silver Ager, die Physiotherapeutin, der Berufsfeuerwehrmann, Menschen, die auf Weihnachtsmärkten asiatischen Silberschmuck verkaufen, eine Gruppe junger Ärzte, Menschen, die gar nicht wissen, wie es weitergehen soll, aber ihrem Bauchgefühl folgen, und Menschen mit detaillierten, logischen Plänen. Letztere sind meistens eher die, die es leider nicht schaffen – so unsere Erfahrung.

Die häufigsten Fragen drehen sich ums Soziale (Gibt es da Menschen wie mich? Was ist mit Nazis?) und Infrastruktur (Schulen und Ärzte). Wir beantworten alles nach bestem Wissen und Gewissen. Dabei ist es uns wichtig, dass wir keine »Werbung« machen. Es nützt niemandem etwas, wenn nach einem halben Jahr die Zelte wieder abgebrochen werden.

Unser Fokus lag anfangs auf den Menschen, die im ländlichen Raum ankommen wollten. In der nächsten Phase richteten wir unsere Aufmerksamkeit nach innen und entwickelten das Zukunftkino. Hier bringen wir rund um ein aktuelles Thema Menschen zusammen, die sonst nicht zusammenfinden würden – auch in unserem Dorf. Wenn die Perspektiven der Zuzügler, die ihre Welterfahrung mitbringen, mit den Kompetenzen der Einheimischen, die aus dem Schon-lange-da-Sein erwachsen, miteinander in den Dialog treten, kann etwas wunderbar Neues und Nachhaltiges entstehen.

Jan: Zauberwort Selbstwirksamkeit

Entwicklungen anzuschieben, sie zu begleiten und dabei ein wirksamer Teil der Gesellschaft zu sein, ist ein wichtiger Teil meines Lebens geworden. Vorher habe ich die meiste Zeit in Großstädten gelebt und die Strukturen genutzt, die da waren. Erst mit der Sesshaftigkeit in der Pampa und der privaten und beruflichen Auseinandersetzung mit meiner Umgebung wurde mir klar, dass ich konkret etwas machen und bewirken kann. Dabei geht es ja nicht nur um den Raum, also den grundsätzlichen Freiraum (Haus, Hof, Land), sondern auch um den Raum im Kopf, der sich öffnet, wenn man die Augen und Ohren aufmacht. Dann entdecke ich die vielen Möglichkeiten, wie ich sie hier (und nicht nur) in der Oberlausitz immer wieder sehe.

Hinzu kommt, dass die Wege zu Entscheidern aus Wirtschaft, Politik und Verwaltung im ländlichen Raum oft sehr kurz sind. Ein Termin mit der Bürgermeisterin? Kein Problem. Beim Landratsamt mit dem Leiter der Kreisentwicklung reden? Ebenso wenig. Mit Politikerinnen sprechen? Logisch, geht. Vom Kleinen geht es dann schnell weiter ins Große. Uns besuchen mittlerweile Bundespolitiker fast aller Fraktionen. Das hilft der wachsenden Wirksamkeit oder vielmehr unserer wachsenden Selbstwirksamkeit enorm.

Es braucht natürlich noch viel, viel mehr Ermutiger, Ermöglicherinnen und Unterstützer gerade in den kleinen Verwaltungseinheiten von Kommunen und Dörfern. Es braucht aber auch Zeit. Auch die tollste Idee lässt sich nicht verwirklichen, wenn man damit polternd in den Gemeinderat stürmt. Wissen, Kreativität und die daraus wachsende Bereitschaft, etwas »zu tun«, sind gewissermaßen Privilegien, mit denen man behutsam umgehen muss. Vor allem wenn man – ohne hier verallgemeinern zu wollen – auf Menschen zugeht, die die Welt aus einer völlig anderen Perspektive betrachten und deren Horizont manchmal an der Gemeindegrenze Halt macht. Wer aber Geduld, Zeit und eine gehörige Portion Achtsamkeit mitbringt, der kann etwas schaffen, bekommt Unterstützung und wird selbst-wirksam.

Zum Schluss

Arielle: Wir handeln aus Freude, einem positiven Impuls heraus und nicht aus Not. Das macht einen großen Unterschied. Wir tragen unsere Begeisterung in die Welt. Zurzeit sind wir etwa 300 Raumpioniere in unserem Netzwerk. 40 erzählen ihre Geschichte auf unserer Website. In Westmecklenburg, in der Prignitz und im Lebuser Land in Polen gründeten sich Geschwister-Raumpionierstationen. Wir haben Hunderte Beratungen durchgeführt und schreiben Analysen und Konzepte für Verwaltungen und Politik. 2019 gewannen wir einen Preis im Wettbewerb »Machen! 2019« des Bundesministeriums für Wirtschaft und Energie. 2020 erhielten wir den Deutschen Demografie Preis in der Sonderkategorie nextpractice und wurden »Projekt Nachhaltigkeit 2020« des Rates für Nachhaltige Entwicklung.

Jan: Wir sind Strukturwandel. Wir leben den Wandel, und wir werden immer mehr. Es ist erstaunlich zu sehen, was sich in einer Stadt wie Weißwasser, die wir anfangs eher skeptisch betrachteten, durch Rückkehrerinnen und Zuzügler in den letzten zehn Jahren alles entwickelt hat. Der Strukturwandel ist unsere Spielwiese voller Chancen, Räume und Möglichkeiten. Ja, es macht große Freude, Teil dieses Wandels zu sein.

www.raumpioniere-oberlausitz.de

Anmerkungen

1 Vgl. https://www.bpb.de/nachschlagen/zahlen-und-fakten/soziale-situation-in-deutschland/61781/vermoegensverteilung (alle Internetseiten zuletzt abgerufen am 3.12.2020).
2 Vgl. https://de.wikipedia.org/wiki/Mittleres_Verm%C3%B6gen#:~:text=Median%2DVerm%C3%B6gen%20in%20einer%20Gesellschaft,und%20der%20%C3%A4rmeren%20H%C3%A4lfte%20liegt.

Karsten Feucht

Dilemma als Chance?
Der Architekt und Projektleiter des IBA-Studierhauses
Karsten Feucht über die Potenziale der Wahrnehmung

Trauma

»Heute hat mein Mann zum ersten Mal seit sieben Jahren wieder über seine Arbeit gesprochen.« Die Frau ist sichtlich berührt. Unter Tränen erzählt sie nach unserer Erkundung, wie sich ihr Ehemann nach Jahren der Arbeitslosigkeit geöffnet habe.

Wer nach der Wende arbeitslos wurde – das sind 80 Prozent der in der Braunkohle und ihren Folgeindustrien Beschäftigten –, verlor nicht nur seine Arbeit, sondern auch ein Stück seines Lebenssinns. Kein Wunder, dass die Region in vielen Statistiken Schlusslicht ist, sei es bei der Innovationskraft,[1] Wohlstand[2] oder Glück[3].

Es ist hilfreich, dieses Trauma des Strukturbruchs nach der Wende zu begreifen, wenn man die Lausitz heute verstehen will. Gleichzeitig mit dem Wirtschaftssystem und der Erwerbsarbeit gingen kulturelle Normen und soziale Gefüge verloren. Es war eine Heimatvertreibung, ohne dabei die Heimat zu verlassen – und ohne die Möglichkeit, jemals zurückzukehren. Die Folge war eine Art Amnesie. Nur noch nach vorn schauen. Die Vergangenheit verschwimmt zu einem diffusen Nebel, Verklärung inbegriffen.

Dieter Sikorski, der in den 1990er-Jahren in die Region kam und im Klinikum Cottbus als Facharzt für Neurologie und Psychiatrie arbeitet, hat damals den Lausitzern eine »kollektive Depression« attestiert. Inklusive Schwarzsehen, Skeptizismus und dem Klammern an alten Denkweisen und Verhaltensmustern. »Die Industrie um uns verschwindet schneller als die Industrie in uns«, wie es der Soziologe Oskar Negt formuliert hat.

Es braucht eine Erinnerungs- und Verarbeitungskultur. Da sind Lebensleistungen wahrzunehmen und zu würdigen, und der Industriekultur, also der Industrie als Kultur, ist Beachtung zu schenken.

Öffnung

Es geht darum, den schmerzhaften Wandlungsprozess zu begleiten und gleichzeitig Öffnung für die Zukunft zu ermöglichen. Dafür habe ich aufbauend auf meinem Format der Wahrnehmungswerkstatt®[4] im Rahmen der Internationalen Bauausstellung 2000–2010[5] innovative Beteiligungsformate entwickelt.

In »Sinnlichen Tagebauerkundungen«[6] gehen die Menschen direkt in die Landschaftswunde und erleben einen Raum für Wahrnehmung und Verständigung. Dazu führen wir die Teilnehmenden in ihre eigene Wahrnehmung. Nachdem sie einen Abschnitt schweigend durch die Wüste gegangen sind oder sich mit verbundenen Augen von anderen haben führen lassen, tauschen sie sich über ihre Eindrücke aus: Der eine fühlt sich in die Sahara versetzt, der ehemalige Bergmann erinnert sich an seinen Arbeitsplatz im »Tagebau-Restloch Nr. 244«, während der umgesiedelte Bewohner seinem weggebaggerten Heimatdorf nachtrauert. Im Sprechen macht sich jeder einen Begriff. Was jeder für »wahr« nimmt, kommt durch das Zuhören der anderen zu seinem Recht. Im Mitteilen und Zuhören konstruieren die Teilnehmer die Wirklichkeit des Ortes.

In darauf aufbauenden Workshops und Theaterprojekten werden die Einheimischen zu Akteuren. »Das ist das erste Projekt, das nicht *für* uns gemacht wurde, sondern *mit* uns«, sagt eine der Protagonistinnen des Theaterprojekts »Alles verloren – alles gewonnen?« (zum Thema Theater siehe auch den Beitrag von Stefan Nolte ab Seite 47 in diesem Band). Im Zusammenspiel von Inszenierung, Erlebnis und Gespräch entsteht eine neue Landschaft. Diese interaktiven Veranstaltungen in der Grube sind ein Mittel der sozialen Gestaltung des Strukturwandels.

Die Verständigung zwischen Lausitzern und Teilnehmern von außen würdigt die Geschichte(n) der Region. Da sie in einem gemeinsamen Wahrnehmungsraum zusammenkommen, beginnen sie sich füreinander zu interessieren. Dann will die Besucherin aus Berlin vom ehemaligen Bergmann wissen, wie es wirklich war, die Kohle im Winterkampf 1978/79 bei minus 30 Grad Celsius aus dem Tagebau zu holen, um die Räder in der gesamten Republik am Laufen zu halten. Das ehrliche Interesse bricht das Eis beim ehemaligen Bergmann, und er beginnt nach Jahren des Schweigens über seine Arbeit zu sprechen.

Sorgen

Nach der Entscheidung zum Kohleausstieg steht die Lausitz nun wieder vor großen Herausforderungen. Die Lausitz kann mit klaren Fristen und Unterstützung rechnen. Aber es gibt auch Grund zur Sorge. Die Depressionserfahrung ist dabei, sich zu einer posttraumatischen Ablehnungshaltung zu entwickeln. Es kündigt sich ein ökologisch begründeter Strukturwandel an, der von der Bundesebene politisch »verordnet« wurde. In der Innenwahrnehmung der Kohleregion kann das leicht als Fremdbestimmung von außen oder von oben wahrgenommen werden. Dies verstärkt bei einigen die historisch gewachsene Entfremdung zwischen innen und außen beziehungsweise unten und oben.

Die Lausitz war ein unfruchtbares »Pfützenland«, dessen sorbische und wendische Kultur später von der deutschen dominiert wurde. Die gesellschaftlichen Spaltungen erschwerten die Ausbildung einer selbstbewussten Bürgergesellschaft – ebenso wie die preußische Obrigkeitshörigkeit. Im 19. Jahrhundert wurde die ländliche Gesellschaft abrupt durch die Entdeckung der Kohle und die Industrialisierung überformt: »Im Dorf spricht man sorbisch – in der Fabrik spricht man deutsch.« Enorme Zuwanderungsbewegungen brachten eine Bevölkerung in die Region, die lokal und kulturell wenig verankert war. Die Kohle war lange das einzige identitätsstiftende, verbindende Thema.

Der Bergbau ist ein Industriesektor, der sehr hierarchisch und paternalistisch organisiert ist, der Städtebau, Wohnungsbau, Infrastrukturversorgung mit übernimmt. Auch die Kohleveredelungsindustrie bildet eher eine Arbeitergesellschaft heraus. Die zentralistische Führung der DDR sowie die offizielle Abwertung von Eigeninitiative trugen zusätzlich dazu bei, dass sich eine gewisse Kümmermentalität ausgeprägt hat. Der Schlachtruf der Kohlebefürworter »Ohne den Bergbau stirbt die Region!« hat jahrzehntelang verfangen. Die Bürger- und Zivilgesellschaft in der Lausitz ist vergleichsweise schwach aufgestellt.

Die von der Kohle geprägten Denkweisen und Strukturen haben ein starkes Beharrungsvermögen. Lea Fünfschilling von der Lund University in Schweden[7] analysiert im Hinblick auf die Lausitz eine gewisse Umdeutung des Begriffs »Strukturschwäche«: »Euer Problem ist nicht die Strukturschwäche, sondern zu starke, alte Strukturen.« Die von politischer Seite forcierte Definition des Strukturwandels als wirtschaftliche Herausforderung – anstatt ihn als grundlegenden regionalen Wandel zu verstehen – stabilisiert die eher traditionellen, großindustriellen Strukturen, Rollen und Verhaltensweisen.

Im Ergebnis birgt dies die Gefahr, dass der finanzielle Regen auf zu trockenen Boden fällt und zu Erosionen führt.[8] Nämlich dann, wenn statt Dynamik und Eigeninitiative alte Strukturen und traditionelle Wirtschaftsformen gestärkt werden. Dadurch stehen womöglich am Ende ausgerechnet diejenigen vor der Tür, die sich schon seit Jahren ehrenamtlich um genau den gesellschaftlich-kulturellen Wandel bemühen, der jetzt gebraucht wird.

Partizipation

Für den Erfolg des Strukturwandels ist es wichtig, dass die Lausitzerinnen und Lausitzer ihn verstehen, mittragen, wollen und gestalten. Nur so wirkt er von innen heraus und nachhaltig. Aber es handelt sich in der Konstruktion noch zu sehr um einen Wandelversuch von außen, der die kleinen Pflänzchen der aktiven Zivilgesellschaft zu wenig stärkt.

Die historisch ohnehin schwach aufgestellte Zivilgesellschaft der Lausitz kann den Herausforderungen des Strukturwandels nur beschränkt begegnen und seine Chancen kaum aufgreifen. Ein strukturelles Problem jedes Partizipationsprozesses ist das Ungleichgewicht zwischen denen, die fragen, und denen, die befragt werden. Die einen werden dafür bezahlt, die anderen opfern ihre Freizeit. Trotzdem gibt es bemerkenswerte Ansätze, sich zu organisieren. In letzter Zeit haben wir drei neue Initiativen gegründet: die Lausitzer Perspektiven als unterstützenden Verein, die Bürgerregion Lausitz als Plattform für die Zivilgesellschaft und die Kreative Lausitz als Netzwerk der Kreativwirtschaft (siehe dazu auch den Beitrag von Dagmar Schmidt ab Seite 139 in diesem Band). Doch fast alle kranken an struktureller Schwäche. Das Engagement im Ehrenamt stößt an natürliche Grenzen der kaum mehr leistbaren Selbstausbeutung. Teilhabe auf Augenhöhe könnte daher heißen, dass die zivilgesellschaftlichen Akteure für das Engagement Aufwandsentschädigungen bekommen oder deren Organisationsstellen mit einer gewissen Grundfinanzierung ausgestattet werden.

Partizipation kann auch dazu missbraucht werden, Verantwortung abzuwälzen, nämlich wenn Experten sich hinter den Wünschen der Betroffenen verstecken. Wenn es schiefläuft oder hässlich aussieht, heißt es dann, dass »die Betroffenen es so wollten«!

In den letzten drei Jahrzehnten gab es in der Lausitz mehr Ab- als Zuwanderung. Eine Durchmischung der Bevölkerung fand kaum statt. Die Zivilgesellschaft ist mehrheitlich konservativ. Fragt man also bezüglich Innovation und Zukunft mit den Bürgern die Falschen? Warum sollten ausgerechnet von denen Motivation und Begeisterung für eine neue Zukunft kommen, die es gern wieder so hätten, wie es früher war?

Schwieriger noch ist es, wenn man die Menschen beteiligen will, die innerlich schon emigriert sind und keine Lust auf »schon wieder irgendeine verordnete« Zukunft haben. Wie kann man sie erreichen, ohne dass am Ende wiederum falsche Erwartungen geweckt und eine neue Versorgermentalität genährt wird? Denn darum geht es doch beim Strukturwandel: um positive Zukunftsbilder, Motivation und Eigeninitiative. Begeisterung ist der Dünger für alles Neue, wie es uns der Hirnforscher Gerald Hüther lehrt.[9] Aus Inspiration erwachsen neue Ideen und Innovationen und der Mut zu Paradigmenwechsel, neuen Wegen und Haltungen.

Dilemma

Die Ansprüche von Veränderung und Beteiligung, von Innovation und Partizipation führen in ein Dilemma. Innovation will über den Status quo hinausgehen und neue Wege beschreiten. Sie zielt auf Prozesse der Veränderung und Transformation, des Wandels und Umbaus. Partizipation will demgegenüber die Wünsche und Bedürfnisse der Menschen berücksichtigen, damit sie Teil der Veränderungen werden. Und diese kommen oft aus dem Status quo. Unter Umständen führt die Berücksichtigung dessen, was die Menschen aus einer verständlichen Gewohnheit heraus erwarten, also genau zu dem, was man im Strukturwandel überwinden will. Avantgarde ist nun mal nicht mehrheitsfähig.

Wohin also mit der Demokratie bei Innovationsprozessen? Wie kann man handlungsfähig werden zwischen dem Anspruch, eine Region – zum Teil gegen die Interessen der Menschen – zu verändern, und dem Anspruch, dass diese Veränderung von genau diesen Menschen getragen und ausgefüllt wird? Oder: »Wie organisiert man Innovation in nichtinnovativen Milieus?«[10]

Für den gelingenden Strukturwandel brauchen wir beides gleichzeitig: Partizipation als Geste der sozialen Verankerung und Innovation als Geste der Freiheit. Eine paradoxe Herausforderung, denn es braucht gleichzeitig berücksichtigende Wertschätzung und klare Haltung. Gesellschaftlich und politisch ist gewollt, dass man in der Lausitz damit aufhört, was 150 Jahre gemacht wurde. Wenn hierbei die Wertschätzung nicht gelingt, hat man weite Teile der von der Kohleindustrie geprägten Region gegen sich. Hier gilt es offen zu sein, zuzuhören und verstehen zu wollen. Gleichzeitig gilt es, eine starke Haltung einzubringen. Neue Ideen brauchen Kraft (»Wir meinen es ernst«), denn sie bringen Reibung und Widerstand. Wenn sie mit Authentizität vorgebracht werden, werden sie sichtbar, streit- und diskutierbar. Deswegen sind in diesen offenen Prozessen Kunst und Kultur so hilfreich, weil sie authentisch Ideen verkörpern. Künstler geben mit ihrer Arbeit etwas von sich preis. Sie verantworten ihre Haltung und erschließen so einen Raum offener Auseinandersetzung.

In diesem Sinne ist die Lausitz ein hervorragendes Lernfeld. In interdisziplinären Studien- und Kunstprojekten mit dem IBA-Studierhaus[11] erprobe ich seit 2012 Wege, wie man einen Raum herstellen kann, in dem Politik, Akteure und Organisationen gemeinsam experimentieren und neue Wege gehen. Dabei zeigt unsere Erfahrung, welch wichtige Rolle wir dabei als Moderatoren spielen.

Moderation

Wie kann es gelingen, die sich widerstrebenden Herausforderungen zwischen Provokation und Berücksichtigung überein zu bringen? Wie stellt man eine offene Kommunikationskultur her, in der sich diese widersprüchlichen Haltungen verständnisvoll und versöhnend begegnen, um konstruktiv und kreativ zusammenarbeiten zu können? Für die Partizipation gilt es, die Bürger als Lebensweltexperten zu verstehen. Dafür ist es nötig, sich jeweils in die Schuhe des anderen zu stellen. Erst wenn ich den anderen verstehe, bin ich in der Lage, mit ihm gemeinsam zu gestalten. Das meint Demokratie.

Ein Schlüssel dafür ist die Fokussierung der Wahrnehmung. Wenn man von der Wahrnehmung her kommt, können sich verschiedene Positionen auf Augenhöhe begegnen. Denn bei der Wahrnehmung haben alle recht. Man kann schließlich nicht falsch wahrnehmen. Das ist ein entscheidender Vorteil für die Moderation verschiedener Interessen und (Macht-)Positionen. Hier liegt die Stärke von Formaten wie der Wahrnehmungswerkstatt®. Sie hilft wahrzunehmen, was ist. Sie schafft eine Basis für die Akzeptanz von Situationen und beteiligten Akteuren, so wie sie sind. So entsteht ein Raum, in dem gleichzeitig Andersartigkeit Platz hat und Vertrautes neu gesehen werden kann – eine Symbiose von Innovation und Wertschätzung.

Dieser Raum erfordert allerdings eine intensive Moderation, damit Augenhöhe, Verständigung und Verständnis entstehen. Eine Partizipation, die sich als Moderation dieses Prozesses versteht, geht weit darüber hinaus, die Leute irgendwie »mitzunehmen«, indem man sie »(be)fragt« oder sich ihre »Zustimmung holt«. Einfach nur befragt werden ist etwas anderes, als wirksam und mit Herz und Seele am Prozess beteiligt zu sein. Beteiligen heißt teilen. Und teilen heißt abgeben. Und zwar Macht und Kontrolle. Konkret heißt das: Vertrauen investieren, machen lassen, Experimente erlauben, scheitern einkalkulieren. Echte

Beteiligung schafft einen Möglichkeitsraum, in dem man selbst aktiv werden kann. Dafür sind Formate und Methoden hilfreich, die ein neues Spiel eröffnen, das inspiriert und begeistert. Wer mitspielt, ist unwillkürlich beteiligt.

Am Ende eines Theaterprojekts mit Umgesiedelten in der Tagebaugrube sagte eine Teilnehmerin: »Jetzt ist es verschmerzt! Jetzt freu ich mich auf den See!« Das macht deutlich: Auch die schönste Zukunftsvision hilft nichts, wenn die Herzen der Menschen verschlossen sind. In diesem Fall waren Trauerarbeit und Anerkennung die entscheidende Voraussetzung dafür, dass der Wandel freudig angenommen werden konnte. Auch für den kommenden Strukturwandel liegt die Herausforderung darin, Begeisterung zu wecken.

Format

Der Strukturwandel braucht Innovation *und* Partizipation, aufwühlende Provokation bei gleichzeitiger verbindender Kommunikation. Doch wer kann diese Doppelrolle von Provokation und Moderation leisten? Wer moderiert den Spagat zwischen Wertschätzung und Innovation, Ordnung und Aufbruch?

Besondere Situationen brauchen besondere Formate. Die Erfahrungen mit IBAs, Regionalen, Kulturhauptstädten und so weiter zeigen, dass Sonderformate der Regionalentwicklung hierfür ein sehr hilfreiches Instrument sind. In ihrer Außeralltäglichkeit tragen sie der besonderen Situation und Aufgabe Rechnung. Sie öffnen Raum für das Zuhören, für das Wahrnehmen und Verstehen. Gleichzeitig erzeugen sie neue Zukunftsbilder, indem sie provozierende Ideen, kreative Projekte und den Blick von außen integrieren. So können sie zwischen Wertschätzung der Ist-Situation und Haltung für Innovation vermitteln.

Sonderformate können Basisinitiativen, Kunst, Kultur und die Veränderungskräfte aus der Zivilgesellschaft einbinden und so Vertrauen schaffen. Gleichzeitig entwickeln sie mit ihrem kreativen Gestaltungsauftrag konkrete Projekte, Bilder und Visionen und machen so die Zukunft greifbar und vorstellbar. Sie qualifizieren die Innovation(sfähigkeit) durch Wettbewerbe und die Verknüpfung der Ideen von außen und innen. Sie wecken Lust am Experimentieren und stärken so die Wandelkräfte der Region. Sie inszenieren den Strukturwandel und kreieren ein Narrativ für den gesamten Prozess. Durch Öffentlichkeitsarbeit, Beteiligungsformate, Vernetzung, Kooperationen, Foren, Konferenzen, Fachgespräche, Workshops, Bürgerwettbewerbe, Ausstellungen, Planungswerkstätten werden Leute für die Region interessiert, und es kann eine kritische Masse an neuen und anderen Gedanken entstehen.

Konkret könnte in die Durchführungsverordnungen des Strukturwandels etwa eine Experimentierklausel für Pilotprojekte integriert werden, die ungewöhnliche neue Wege gehen und auch scheitern dürfen. Außerdem sollte eine Qualitätssicherung festgeschrieben werden, die durch die Moderation des Prozesses zu gewährleisten wäre. Diese Moderation sollte einer Sonderorganisation übertragen werden, die außerinstitutionell angelegt ist – neben, aber eng verbunden mit dem politisch-administrativen System. Die Unabhängigkeit ist Voraussetzung für die Glaubwürdigkeit als Moderatorin, die keine politischen oder wirtschaftlichen Eigeninteressen verfolgt. Diese relative Machtlosigkeit verschafft Sonderformaten Respekt, denn für ihre Projekte können sie allein durch Qualität überzeugen und mit Begeisterung gewinnen. Gerade durch ihre Unabhängigkeit von bereits existierenden Strukturen kann sie in der Region vielfältige Beziehungen eingehen. Ihre zeitliche Befristung schafft eine dynamisierende Ausnahmesituation und gibt dem Strukturwandel eine Dramaturgie.

Die Finanzierung ist denkbar einfach. Die IBA Fürst-Pückler-Land beispielsweise hat mit ihren Eigenkosten von 1,5 Millionen Euro pro Jahr etwa 0,5 Prozent der gesamten Braunkohlesanierungskosten ausgemacht. Schon ein halber Cent pro Strukturwandel-Euro würde also für die vorgeschlagene Qualitätssicherung ausreichen.

Lasst uns ein neues Spiel einführen, einen Nährboden für Innovation schaffen. Indem wir auf Inseln des Neuen setzen. Und eine Aufbruchstimmung verbreiten – ein neues Lausitzer Wir-Gefühl. So stellt man eine neue Realität her. Implizit. Durch Handeln. Im Jetzt.

Anmerkungen

1 »Alle Innovationsindikatoren für die Lausitz zeigen in die gleiche Richtung: Die regionale Innovationsfähigkeit ist vergleichsweise schwach ausgeprägt.« Standortpotenziale Lausitz. Studie im Auftrag der Zukunftswerkstatt Lausitz, https://zw-lausitz.de/fileadmin/user_upload/01-content/03-zukunftswerkstatt/02-downloads/studie-standortpotenziale-lausitz.pdfhttps://zw-lausitz.de/fileadmin/user_upload/01-content/03-zukunftswerkstatt/02-downloads/studie-standortpotenziale-lausitz.pdf, S. 36, 2019 (alle Internetseiten zuletzt abgerufen am 19.11.2020).
2 Für die Lausitz werden »hohe bis sehr hohe Risiken« prognostiziert. Prognos Zukunftsatlas, https://www.handelsblatt.com/politik/deutschland/zukunftsatlas-2019/.
3 »Brandenburg hält mit Rang 19 (von 19) die rote Laterne im Regionenvergleich.« Glücksatlas der Deutsche Post DHL Group, 2019, https://www.dpdhl.com/de/presse/pressemitteilungen/2019/deutsche-post-gluecksatlas-2019.html.
4 Siehe www.wahrnehmungswerkstatt.de.
5 Siehe www.iba-see.de.
6 Siehe www.iba-see2010.de/de/verstehen/touren.html.
7 Lea Fünfschilling, Lund University, Schweden: Referat über Anforderungen und Erfolgsbedingungen transformativer Innovationspolitik für einen Wandel in strukturschwachen Räumen beim zweiten Vernetzungstreffens der sozial- und kulturwissenschaftlichen Forschung in der Lausitz am 28. Oktober 2019 in Görlitz.

8 Den Begriff Erosionen in diesem Zusammenhang habe ich übernommen von Prof. Dr. Stefan Zundel, Fachgebiet Allgemeine VWL mit dem Schwerpunkt Energie- und Umweltökonomik, Brandenburgische Technische Universität (BTU) Cottbus-Senftenberg.
9 Gerald Hüther: Kommunale Intelligenz. Potenzialentfaltung in Städten und Gemeinden, Hamburg 2013.
10 Hartmut Häußermann/Walter Siebel: Wie organisiert man Innovation in nichtinnovativen Milieus?, in: Rolf Kreibich/Arno S. Schmid/Walter Siebel/Thomas Sieverts/Peter Zlonicky (Hg.): Bauplatz Zukunft. Dispute über die Entwicklung von Industrieregionen, Essen 1994, S. 52 – 64.
11 Siehe www.iba-studierhaus.de.

Julia Gabler und Vereinsvorsitzender Danilo Kuscher vor der ehemaligen Pforte des Kühlhauses Görlitz

Vom Waffenlager zur Bettwäscheausgabe

Überraschungen in der ehemaligen Pforte
des Alten Kühlhauses in Görlitz – von Julia Gabler

Strukturwandel in der Lausitz ist ein alter Hut. Besonders bemerkenswert ist der Umbau der einstigen Industrielandschaft in Görlitz. Nein, nicht in der viel gerühmten und filmreifen Görliwood-Altstadt, sondern stadtauswärts, gleich hinter dem teilrückgebauten Plattenbaugebiet Weinhübel, an der Peripherie der Stadt. Hier befindet sich das Alte Kühlhaus Görlitz, mitten im Grünen. Baujahr: 1954, Bauzeit: zwei Jahre, Bauweise: monolithischer Stahlbeton, Zustand: Teilnutzung und komplett bespielter Außenbereich.

Das vier Hektar große Areal grenzt an ein Naturschutzgebiet, das Gelände eines Schützenvereins und einen Biolandwirtschaftsacker. Bis zur Bahnhaltestelle Görlitz-Weinhübel auf der Strecke Cottbus – Zittau sind es keine 150 Meter Luftlinie. Zu DDR-Zeiten, während des Kalten Krieges, war hier ein Standort der Lebensmittelstaatsreserve für die Notversorgung der DDR-Bevölkerung im Falle des Falles. Nach der Wende: Leerstand und Verfall. Zwischen 2006 und 2008 gelang es einem Trupp technobegeisterter Jugendlicher, sich Zugang zum Gelände zu verschaffen, den Eigentümer ausfindig zu machen und ihn für die Idee zu gewinnen, hier etwas Experimentelles mit Feiern und Arbeiten und Leben zu machen – ausschließlich in Eigenarbeit, mit privatem Einsatz, ohne Kredit oder Fördergelder. Es sollte »gesund« aus sich heraus wachsen.[1]

Heute ist das Kühlhaus längst über die Grenzen der Stadt hinaus bekannt. Nach einem festivalintensiven Jahrzehnt mit viel Aufräumen, Auf- und Abbauen, Umbauen und Verkabeln,

Pressluftgehämmer, Verdichten und Versiegeln lädt das ehemalige Industrieareal auch Camper und Kreative ein. Die alten Garagen, die früher der Weinhübler Bewohnerschaft als Pkw-, Moped- oder Fahrradstellplätze sowie als Bastel- und Werkelbuden dienten, sind zu Mini-Hostel-Unterkünften umgestaltet worden. In den Sommermonaten beherbergen die alten und zugleich neuen Garagenhostelzimmer Gäste. Im dahinterliegenden Birkenwäldchen finden Naturcamper ein passendes Plätzchen für Caravan oder Zelt. Mit dem zurechtkommen, was vorhanden ist, und damit etwas anzufangen wissen – das ist die Kunst, die im Kühlhaus gelebter Alltag ist.

Als das Kühlhaus 1990 den Betrieb einstellte, steckte der Gebäudekoloss mitten in einer Umbaumaßnahme. Alle sechs Stockwerke, jedes 1600 Quadratmeter groß, sollten isoliert und kältetechnisch auf den neuesten Stand gebracht werden. Für die längst überfälligen Sanierungsarbeiten heuerte der Rat des Kreises in den späten 1980er-Jahren einen polnischen Stahlbetrieb an, denn die Baukapazitäten in der DDR reichten nicht aus, um neben dringendem Wohnungsbau auch noch Industriesanierungen durchzuführen. Während der Bauzeit waren die polnischen Arbeiter in Baracken untergebracht. Aus den ein- und zweistöckigen Wellblechcontainern mit ihrer kleinteiligen Raumstruktur sind drei Jahrzehnte später Ateliers und Büroräume entstanden – mit (fast) neuen Fenstern, die während der Modernisierung eines Plattenbauviertels gerettet werden konnten. Im Herbst 2020 fanden hier die ersten Workshops statt.

Seit 2008 gibt es den Kühlhaus-Verein, der den Kulturbetrieb stemmt, und eine Firma, die die zigtausend Quadratmeter Lagerfläche des Haupthauses vermietet und nun den Campingplatz betreibt.

Im Corona-Frühjahr 2020 blieben die Tore zunächst geschlossen. Für die Kühlhäusler öffnete sich damit ein Zeitfenster, um die Sanierung der Pforte in Angriff zu nehmen. Das unscheinbare Häuschen an der Zufahrtsstraße zum Gelände taugte bislang als Einlassschleuse für die 2000 Gäste, die jährlich auf das Gelände strömten, wenn am 30. April spektakulär das Walpurgisfeuer entfacht wurde. Schluss mit der Zwischennutzung als Fahrradwerkstatt, Raucherpausenraum für regnerische Tage, Abstellecke und Getränkelager – jetzt hat die olle Pforte ihre naheliegende Bestimmung gefunden: Sie wird zur Rezeption für den Campingplatz.

Als ich während des Umbaus im April 2020 neugierig schaue, was Klemens, Danilo und Jürgen herumwerkeln, ist mein Erstaunen riesig. In der kleinen Butze, die man durch das Fenster von außen gut einsehen kann – ihr unspektakulärer Charme hat mich bislang nie zum Eintreten veranlasst –, verbirgt sich ein ganzes Raumlabyrinth.

Nebenbei gesagt: So geht es mir des Öfteren auf meinen Streifzügen durch die Lausitz. Hinter unscheinbaren, teilweise maroden Fassaden eröffnen sich immer wieder ungeahnte Welten. Die idyllisch in der Landschaft liegenden Städtchen und Dörfer scheinen weder den Abgesang einer Industrieregion anzustimmen, denn sie ist längst keine mehr, noch bestätigt sich der Eindruck, in einer Region unterwegs zu sein, die nur noch palliativmedizinisch versorgt werden muss.[2] Hinter den trügerischen Fassaden einer aufgeräumten – oder abgewickelten – Provinz wurde längst das Lied beharrlicher Erneuerung angestimmt. In den Feldern und Wiesen, Teich- und Hügellandschaften nehme ich ein leises Summen wahr, das wie eine fremde Sprache klingt und mich auffordert mitzusummen, bis ich die Melodie draufhabe und beginne, den Text zu verstehen.

Ich wandere also durch die »Hallen« der Pforte, jede kaum größer als 15 Quadratmeter, und doch umfängt mich eine Aura wie Alice, als sie das Wunderland betrat. Nicht dass es besonders hell ist oder wie auf einem lang verschlossenen Dachboden geheimnisvolle Gegenstände unter staubbedeckten Laken ihrer Enthüllung harren – nein, die blanken Betonwände der fensterlosen Räume halten etwas anderes verborgen: eine geheime

Welt, das Refugium eines Pförtners ohne Namen, mit einer Telefonzentrale, die in zwei mal zwei Metern Schaltschränken getrost in der Lage war – davon bin ich überzeugt –, eine ganze Stadt zu versorgen. Im schmalen Flur eine weitere Schaltanlage mit sonderbaren Hinweisen wie »32 A Noteinspeisung« oder »Steuerschütz Außenbeleuchtung 40 A«. Und sonst? »Aktenlager«, erklärt Danilo. Er ist der Vereinsvorsitzende im Kühlhaus. »Ach ja, und die Waffenkammer natürlich.«

»Was? Eine Waffenkammer?«

»Ja, dort, wo wir die Bettwäsche lagern werden, waren Waffen der GST gebunkert – Gesellschaft für Sport und Technik –, so was wie ein Sportschützenverein zu DDR-Zeiten.« Danilos lapidare Bemerkung soll sich im Laufe meiner Recherchen als gar nicht so harmlos entpuppen. Nun betrete ich zum ersten Mal die fensterlose Bunkerkammer am Ende des Raumlabyrinthes. Eine schwere Stahltür ermöglicht den separaten Ein- und Ausgang und ist mit einem Bolzenschloss gesichert. In der Tür befindet sich in Kopfhöhe ein kleines Loch, durch das die Alarmanlage mit einem Spezialschlüssel aktiviert wurde. Das dazugehörige Kabel hängt abgetrennt aus der Wand.

»Da muss die Alarmanlage dran gewesen sein«, höre ich Danilo noch sagen, während eine Agentenfilmsequenz durch mein Hirn rauscht:

Zur nächtlichen Ankunft des geräusch- und lichtlosen Moskwitsch legt der Pförtner versiert die Schalter der Lichtanlage um, die schwache Beleuchtung auf dem Gelände glimmt auf und sendet die entscheidenden Signale in die Zentrale: Die Waffenlieferung im Kofferraum wartet auf Übernahme.

»Welche Waffen wurden hier gelagert?« Fragend bereite ich den Boden für meine Rückkehr in die Gegenwart.

»Oh, puh«, überlegt Danilo, »da musst du Agent Glasgow fragen.«

»Wen?«, kreische ich fast, und in meinem Kopf rast der Moskwitsch mit quietschenden Reifen vom Gelände. Ich reiße mich zusammen und versuche ruhig den Faden wieder aufzunehmen: »Den Namen hab ich schon mal gehört. Ist der nicht der Sänger einer Band und lebt in Görlitz?«

»Ja, die haben bei uns ihren Proberaum. Er ist aber auch im Schützenverein aktiv.«

Okay, notiert.

In den fast 40 Jahren, die das Kühlhaus im Betrieb war, wachten fünf Pförtner im Schichtdienst 24 Stunden am Tag über die Ein- und Ausfuhren. Auch der damalige technische Leiter des Kühlhauses Ulrich Dörsing schob Ende der 1970er-Jahre Nachtschichten, wenn die Pförtnerchefin Frau Seidel Personalmangel beklagte. Für fünf Mark die Stunde Zuverdienst war dem Werkleiter dann ein nächtliches Abenteuer garantiert: Telefonzentrale bedienen, alle zwei Stunden Kontrollrundgang mit Schäferhund und im Fall einer Havarie in der Kälteanlage (die wegen des schlechten technischen Zustandes regelmäßig eintrat) sofort Sicherungsmaßnahmen einleiten. In weniger aufregenden Nächten ermöglichte ein Schlafraum zwischen den Rundgängen kurzzeitigen Rückzug. An Schlaf war aber im Grunde nicht zu denken.

Ich telefoniere mit Dörsing, und er berichtet mir aus dem Stand von Westfahrzeugen und gefrosteten Schweinehälften, die in den Westen transportiert wurden – im Gegenzug gab es zähes Rindfleisch aus Irland. Eine Westgeldquelle vom Feinsten. Die in Lkws angelieferten Packungen Trockenmilch, Eiweißpulver, Butter, Eier, Käse, Tee und andere lagerfähige und in der DDR stets knappe Lebensmittel – Tonnen von Lebensmittelreserven wurden für die Notfallversorgung der DDR-Bevölkerung in den 1960er-Jahren vorgehalten. Zehn Jahre später wurde das kostenintensive Lager Verteilzentrum für die staatliche Lebensmittelindustrie. Noch heute träumt Dörsing von den aufregenden Zeiten im Kühlhaus und ist stolz, dass junge Menschen hier was Neues anfangen.

Sein ehemaliges Büro ist jetzt die Garderobe für Konzert-

oder Partygäste in der alten Schmiede und der Maschinenhalle, in der heute getanzt, geslammt, performt und getagt wird. Auch wenn sich viel verändert hat, einiges ist geblieben. In der Gabelstaplerwerkstatt gibt es immer noch einen Stapler und eine Aufbockrampe – gestapelt und repariert wird eben immer noch.

»Und die Waffen?«, frage ich Dörsing. Nein, da könne er mir nicht weiterhelfen. Der Anbau wurde von der GST ausgeführt, und außer dass sie den Strom vom Kühlhaus abgezapft haben, um das Waffenlager auf 15 Grad Celsius zu temperieren, habe man nichts damit zu schaffen gehabt. Kein Zugang oder sonstige Kontakte.

Als ich auflege und aus dem Fenster meines kleinen Büros[3] in der ehemaligen Bauleiterbaracke blicke, denke ich an all die anderen, die heute mit mir auf dem Gelände arbeiten: Handwerker, Elektriker, Dachdecker, ein Tischlerpärchen, das am liebsten *tiny wooden houses* baut, ein Spielplatzbauer und ein Birkenrindenverarbeiter, außerdem eine Grafikerin, ein Hausmeister, ein Industriemechaniker und eine polnischsprachige Projektentwicklerin. Im hinteren Teil des Haupthauses haben sich Skater und BMX-Biker eine Halle ausgebaut. Welche geheimen Verbindungen pflegen sie wohl?

Im ehemaligen Sozialtrakt, wo auch die Abteilung Gefriergut ihre Büros hatte, stehen heute Nähmaschinen in der Kreativwerkstatt, und donnerstags erklingen Gitarrenriffs und Schlagzeugbeats aus dem Proberaum auf dem Gelände. Die Kantine im ersten Stock ist wieder eine Kantine, ein kleiner Veranstaltungsraum und Ort, an dem sich Künstler vor und nach dem Auftritt an Speisen laben, die Mimi, Softwareentwickler von Beruf und Koch aus Leidenschaft, in seiner Freizeit auftischt.

Bing! Ich erhalte eine Mail von Agent Glasgow mit Informationen von »Rainer Schulz, welcher früher die Waffenkammer unter sich hatte«:

Die Pforte Kühlhaus beherbergte die GST-Waffenkammer des Kreises Görlitz. In dieser waren circa 50 Kleinkaliber-Maschinen-

pistolen gelagert, die zur vormilitärischen Ausbildung in den örtlichen Betrieben dienten. Weiterhin waren etwa 30 Sportgewehre vom Typ M150 und zehn Sportpistolen der Marke Margolin eingelagert, welche von der Gesellschaft für Sport und Technik (GST) genutzt wurden. Sämtliche Munitionsausgaben der GST wurden über diese Waffenkammer abgewickelt. Sie war mit einer Einbruchmeldeanlage ausgestattet, die direkt mit dem Volkspolizeikreisamt Görlitz verbunden war.

Während ich mich im Netz informiere, um was für Waffen es sich handelt, wundere ich mich: Wie die Parallelstruktur funktionierte? 24-Stunden-Pförtnerschichten und der Zugang zu den Waffen und Munition erfolgte im Verborgenen? Wie war das möglich? Und was um Himmels willen, frage ich mich, war die »vormilitärische Ausbildung«? Ich bin selbst Kind aus der DDR und zu jung, um sie am eigenen Leibe erfahren zu haben. Wehrunterricht war ab der neunten Klasse Pflichtfach in der Schule.

Ich bin erschüttert, brauche frische Luft und laufe mit einem Kaffee in der Hand vor zur Pforte, wo Danilo gerade angekommenen Campinggästen Bettwäsche aushändigt. Aus der Rezeption klingt leise Musik, und ich wiege mich sanft im surrenden Rhythmus der Waschmaschine. Eine Gruppe Fahrradfahrer winkt zum Abschied, und ich registriere genervt, dass das Summen noch einen anderen Ursprung hat, gehe in die Rezeption, durch das Waschzimmer und den ehemaligen Schlafraum, wo heute ein riesiges Bügelbrett steht, auf dem man getrost ein paar Stündchen Schlaf finden könnte, ins ehemalige Waffenlager, schnappe mir aus dem Regal eine Dose Mückenschutz und setze mich wieder vor die Pforte. In der Hand die Insektenwaffe, die dem elendigen Blutdurst des Sommers 2020 Einhalt gebieten soll.

Anmerkungen

1 Die Kühlhaus-Geschichte »Vom Freundeskreis zum Lebensraum« kann hier nachgelesen werden: Siri Frech/Babette Scurrell/Andreas Willisch: Neuland gewinnen. Die Zukunft in Ostdeutschland gestalten, Berlin 2017, S. 102–113.

2 Die Empirica-Studie »Schwarmverhalten in Sachsen« hat 2016 große Empörung hervorgerufen, weil sie Städte und Gemeinden nach ihrer »Kohortenwachstumsrate« gruppiert, also danach, welche Altersgruppen bevorzugt zu- und abwandern. Jene Gemeinden, die kaum junge Menschen halten und anlocken können, sollen beim Sterben begleitet werden. Das heißt, bei öffentlichen Aufgaben wie dem Erhalt und Ausbau des Nahverkehrs, Sanierung von Schulgebäuden sowie der Daseinsvorsorge müssen Abstriche in Kauf genommen werden. Vgl. Harald Simons/Lukas Weiden: Schwarmverhalten in Sachsen. Eine Untersuchung zu Umfang, Ursache, Nachhaltigkeit und Folgen neuer Wanderungsmuster, Berlin 2016, siehe auch https://www.vdw-sachsen.de/schwarmverhalten-in-sachsen-wie-sieht-die-zukunft-der-saechsischen-kommunen-aus/ (letzter Zugriff 30.11.2020).

3 Mit Beginn meiner Tätigkeit im Forschungsprojekt »Sozialer Strukturwandel und responsive Politikberatung in der Lausitz« mietete ich ein acht Quadratmeter großes Büro im Kühlhaus gleich gegenüber der Küche und dem Vereinsbüro. So kann ich am Ort des Geschehens sein und gleichzeitig zugucken, wie hier Strukturwandel gemacht wird, während ich Texte dazu verfasse.

Dagmar Schmidt

Der lange Weg zur Bürgerregion
Mit dem Verein Lausitzer Perspektiven bringt
die Neu-Radduscherin Dagmar Schmidt
die vielfältige Zivilgesellschaft zusammen

Mein Lausitzer Engagement begann im Jahr 2013 mit einem Auftrag der European Climate Foundation (ECF). Damals beschäftigte diese sich noch von Berlin aus mit der Frage, wie der gesellschaftliche Boden für private Initiativen, gesellschaftliches Engagement, Start-ups und neue Unternehmen für transformative Initiativen genutzt werden kann. Nach der Präsentation der Studienergebnisse »Plan A für die Lausitz«[1] im Juni 2014 hat sich aus dem Kreis der befragten Akteure eine Initiative gebildet, die sich weiterhin mit der Zukunft und der Frage nach dem guten Leben in der Lausitz befasst. Ich lebe inzwischen in der Niederlausitz.

Vor dem Hintergrund tiefgreifender und sich verschärfender sozioökonomischer und ökologischer Veränderungen wird nicht nur in den Kohlerevieren ein struktureller Wandel[2] in Richtung Nachhaltigkeit notwendig. In der Gegenwart – und in der Zukunft – werden sich alle gesellschaftlichen Themenfelder verändern. Das macht den vor uns liegenden Lausitzer Strukturwandel so beispielhaft. Es ist unsere Chance, dass er dabei nicht nur den Marktkräften überlassen wird, sondern in einem politisch gestalteten und finanziell großzügig abgepufferten Rahmen stattfindet.

Keine der ansässigen Organisationen, Verwaltungen, Unternehmen oder die Politik verfügt über ausreichend Ressourcen, um den komplexen Aufgaben allein gerecht zu werden. Deshalb ist es wünschenswert, dass die Transformation der Region auf vielen Ebenen zu einer besseren, also zukunftsfähigen und nachhaltigen Entwicklung führt. Um in dieser komplexen Gemengelage Zukunftsfähigkeit herzustellen, werden Partnerschaften über verschiedene Bereiche hinweg notwendig sein. Auch die daran beteiligten zivilgesellschaftlichen Kräfte können die Lösungsansätze mit den Bedürfnissen der Menschen verbinden.

Anhand der bisherigen Lausitzer Erfahrungen beleuchtet dieser Beitrag, inwiefern gemeinsames Wirken (Collective-Impact-Ansatz)[3] bei der Gestaltung des anstehenden Wandels wirksam werden kann.

Strukturpolitik 2.0

Erst der Rückblick zeigt in aller Deutlichkeit, wie sehr sich die Rahmenbedingungen des Lausitzer Strukturwandels in den letzten Jahren verändert haben. Denn die veränderte Perspektive auf die Lausitzer energie- und klimapolitischen Debatten bedeutet, dass sich nun die Frage stellt, wie der Kohleausstieg gestaltet wird.

Spätestens seit 2015 war klar, dass sich in der Region etwas verändern würde. Überraschend hatte der Energiekonzern Vattenfall erklärt, sich von der Lausitzer Kohlesparte zu trennen. Vattenfalls neues Geschäftsmodell setzte auf nachhaltige Strom- und Wärmeerzeugung, unter anderem um die CO_2-Reduktionsziele der schwedischen Regierung zu unterstützen. Diese Ziele ließen sich nicht mehr mit dem Lausitzer Kohlegeschäft vereinbaren. Dadurch wurde die Lausitzer Gewissheit infrage gestellt, dass die »Brückentechnologie« Kohle langfristig als gesetzt gilt.

In der Zwischenzeit ist der Kohleausstieg im Zuge der Gesamtstrategie für den langfristigen Klimaschutz beschlossene Sache. Der nun angestoßene Transformationsprozess wird mit 17 Milliarden Euro für die Lausitz durch das Strukturstärkungsgesetz unterfüttert. Ein weiteres Signal, dass es ernst wird mit dem postfossilen Wandel, ist der europäische Green Deal.[4] Zudem wurde 2017 eine multisektorale Plattform ins Leben gerufen: die »Platform for Coal Regions in Transition«. Diese soll allen betroffenen europäischen Kohleregionen helfen, die Herausforderungen der erforderlichen wirtschaftlichen Diversifizierung für eine kohlenstoffarme Energiewende zu bewältigen.

Zwischen Deutschland und der Europäischen Union herrscht Einvernehmen darüber, dass der bislang bestehende, scheinbar unvereinbare Gegensatz zwischen wirtschaftlicher Entwicklung und ökologischer Nachhaltigkeit überwunden werden muss. Im Vordergrund steht der Wunsch, die Regionen sowohl sozial- und wirtschafts- als auch umweltverträglich weiterzuentwickeln. In diesem Kontext wird von einer »Just Transition« – einem sozial gerecht gestalteten Übergang – gesprochen. Anders als bei Strukturbrüchen in der Vergangenheit sollen soziale Belange besonders gewürdigt werden.

In der Lausitz blieb für längere Zeit unklar, wer die darauf abzielenden Veränderungsprozesse in der Region begleiten soll. 2018 wurde die Wirtschaftsregion Lausitz GmbH etabliert, eine länderübergreifende Struktur und gemeinsame Initiative der Lausitzer Gebietskörperschaften.[5] Ihr größtes, aus Bundes- und Landesmitteln finanziertes Projekt war die »Zukunftswerkstatt Lausitz« (ZWL). In einem breit angelegten Beteiligungsprozess sollten dort Bürgerinnen und Bürger und die interessierte Fachöffentlichkeit mit ihren jeweiligen Visionen und Leitideen für eine zukünftige Entwicklung der Lausitz einbezogen werden. Hierzu wurden von 2018 bis 2020 mit großem Aufwand Studien in Auftrag gegeben, on- und offline Befragungen und Bürger-Dialog-Veranstaltungen durchgeführt. Auch der Aufbau von länderübergreifenden Netzwerken wurde gefördert.

Insbesondere die Bürgerbeteiligungsprozesse liefen schleppend. Um dem neuen Lausitzer Narrativ ein Gesicht zu geben, hätten auch andere Persönlichkeiten, Zugpferde und Multiplikatoren aus verschiedenen Sektoren, eingebunden werden müssen. Das ließ sich in der Schnelle des Projektgeschäfts und der Neuheit der Institution nicht bewerkstelligen. Zudem ist ein allgemeiner Vertrauensverlust in die Politik – und indirekt in die Verwaltungen – regional spürbar und weit verbreitet. Der repräsentative Lausitz-Monitor[6] zeigt, dass 67 Prozent der Bevölkerung unentschieden sind, ob der Wandel erfolgversprechend oder zum Scheitern verurteilt ist. Die Lausitzerinnen und Lausitzer nehmen eine abwartende Haltung ein.

Widerstände finden Ausdruck unter anderem in den guten Wahlergebnissen der Parteien, die notwendige Transformationsprozesse in Abrede stellen, sowie der großen Skepsis, dass die etablierten Parteien die notwendigen Lösungskompetenzen in Bezug auf den Strukturwandel haben. Diese Vorbehalte müssen ernstgenommen und bei der Entwicklung von Lösungen berücksichtigt werden. Ansonsten besteht die Gefahr, dass die Transformation scheitert, weil politische Mehrheiten entstehen, die verhindern, die im Strukturwandel liegenden Chancen zu nutzen.

Trotz aller Schwierigkeiten konnte die Zukunftswerkstatt Ende 2020 eine Vielzahl von konkreten Anregungen, Ideen und Vorschlägen vorlegen. Diese flossen abschließend in die »Entwicklungsstrategie Lausitz 2050« ein, die digital, partizipativ und über mehrere Monate hinweg organisiert und verfasst wurde. Mehr als 40 Lausitzer Autorinnen und Autoren aus unterschiedlichen Fachbereichen waren am Schreibprozess beteiligt. Vor allem die Handlungsfeldziele sowie die Vielzahl von Studien, die als Wissensbasis für themenspezifische Auseinandersetzungen genutzt werden können, sind relevant.

Zwischenzeitlich entwickeln sich neue Unterstützungsstrukturen. Zum einen haben die Bundesländer beschlossen, zwei separate Entwicklungsgesellschaften in Sachsen und Brandenburg zu etablieren. Ein Vorgang, der diejenigen behindert, die sich für eine sichtbare, gemeinsame regionale Identität einsetzen. Zum anderen zeigt sich, dass die Milliardenhilfen des Bundes vordringlich für investive Großprojekte und Infrastruktur bereitstehen.

Die Art und Weise, wie diese Entwicklungsgesellschaften daneben »Bottom-up«-Prozesse unterstützen und eine kleinteilige, kommunale Projektförderung umsetzen, wird der Lackmustest für den Lausitzer Strukturwandel sein. Zu diesem Zweck würden thematische Werkstätten wie in Brandenburg in den Handlungsfeldern der Entwicklungsstrategie gezielt die Arbeit der Entwicklungsgesellschaften ergänzen. Dort könnten Partner aus Wirtschaft, Wissenschaft, Verwaltung und Zivilgesellschaft Lösungsstrategien gemeinsam entwickeln. Für eine kompetente Begleitung solcher Prozesse braucht es sogenannte Facilitation. Damit sind Methodenkompetenzen gemeint, um die dort entwickelten Lösungen durch wirklich gute Entwicklungen und Veränderungen voranzubringen (siehe auch den Beitrag von Manuela Kohlbacher und Markus Füller ab Seite 75 in diesem Band).

Manche dieser Dynamiken signalisieren Aufbruchstimmung, andere schaffen unübersichtliche Verantwortlichkeiten. Um mehr Menschen für den Strukturwandel zu gewinnen, brauchen wir mehr Transparenz und eine dauerhafte Beteiligungskultur. *Jetzt* kollektive Handlungsfähigkeit herzustellen, funktioniert mit den neuen Ansprechpartnern und zusätzlichen Mitteln so gut wie noch nie zuvor.

Neue Kapazitäten für die Zivilgesellschaft

Auch für die Zivilgesellschaft standen die Räder lange Zeit still. Noch 2013 war im Koalitionsvertrag Brandenburgs zu lesen, dass »die konventionellen Kraftwerke (Braunkohle, Steinkohle, Gas) als Teil des nationalen Energiemixes auf absehbare Zeit unverzichtbar sind«. Sosehr sich zivilgesellschaftliche Organisationen seit Jahrzehnten in haupt- und ehrenamtlichem Engagement für klimaverträgliche Veränderungen in der Region eingesetzt hatten, der Kohleausstieg war nicht in Sicht. Angesichts dessen gab die an einem baldigen Kohleausstieg interessierte European Climate Foundation (ECF) eine aktivierende Befragung und Analyse in Auftrag. So sollten in der sächsischen und brandenburgischen Lausitz Alternativen zur politischen Kampagnenarbeit eruiert werden.

Unter dem Arbeitstitel »Plan A für die Lausitz« versammelte die Analyse 2014 vielfältige Vorstellungen progressiver Lausitzer Kräfte, Personen und Gruppen für eine postfossile Zukunft. Es ging auch darum, wie ein Bündnis aus unabhängigen, multisektoralen Akteuren beschaffen sein müsste, um ein gemeinsames, regionales Zukunfts- oder Leitbild zu entwerfen. Dieses Leitbild des »guten Lebens in der Lausitz« sollte mit einer positiven Entwicklungsperspektive verbunden sein. Im Ansatz richtete es sich deshalb nicht explizit gegen etwas, auch nicht gegen die Nutzung der Braunkohle. Die Idee zielte vielmehr darauf ab, durch ein bejahendes Zukunftsszenario viele Menschen für die Gestaltung ihrer eigenen Zukunft zu gewinnen.

Schon damals bestand der Wunsch, die evangelische Kirche (Evangelische Kirche Berlin-Brandenburg-schlesische Oberlausitz, EKBO) als Initiatorin eines solchen Leitbildprozesses zu gewinnen. Viele Befragte fanden an der Idee Gefallen, der Kirche in einem Gemeinschaftsprozess ein zentral unterstützendes Gewicht zu geben. Sie ist in nahezu jedem Ort präsent und erreicht die heterogenen Teile der Gesellschaft (siehe auch den Beitrag von Sînziana Schönfelder ab Seite 87 in diesem Band). Die Kirche wird als neutral wahrgenommen und kann somit alle an einen (runden) Tisch bringen. Am Ende ihrer Deliberation sah sich die EKBO jedoch nicht dazu in der Lage, die Projektträgerschaft zu übernehmen. Damit war die ursprüngliche Idee nicht mehr umsetzbar. Auch fand sich kein weiterer in der gesamten Lausitz anerkannter Akteur, der einen solchen Prozess legitimieren und mit Gravitas hätte initiieren können.

Der Wunsch nach Veränderung lag also schon 2013 in der Luft und wurde im Laufe der Zeit immer stärker. Der Braunkohleabbau war und ist aus Sicht vieler Lausitzerinnen und Lausitzer einer der Einzelfaktoren für die Zukunftsgestaltung der Region. Aber eben nicht der einzige. Gleichzeitig waren viele zivilgesellschaftliche Kräfte an den sogenannten Kohlewiderstand gebunden. Neben dem neutralen Eigner eines Szenario-Prozesses fehlten dadurch Kapazitäten bei den Engagierten.

Die in der Analyse von 2014 Befragten sprachen sich dafür aus, die Idee einer neu zu formenden lokalen Initiative weiterzuverfolgen. »Wenn die anderen noch nicht wollen, machen wir uns schon auf den Weg!«, so formulierte es einer der Interviewten. Nach Ansicht vieler Teilnehmenden war die Zeit reif für eine neue Koalition aus gestaltungswilligen und vorwärtsdenkenden Akteuren. Aus vergangenen Projekten und bestehender Netzwerkarbeit war allerdings erkennbar, dass die zielgerichtete Vernetzung Lausitzer Initiativen bisher nicht dauerhaft gelungen war. Konkret braucht es eine stetige professionelle Begleitung (»Rückgrat«) sowie unabhängige Finanzierungsquellen, um die Zusammenarbeit zu fördern und zu stabilisieren.

Eine Idee kehrt zurück. Der Kreis schließt sich

Jahre später gründete die EKBO das »Zentrum für Dialog und Wandel«, um ihre Aktivitäten im Lausitzer Strukturwandel zu bündeln. Des Weiteren entstand 2016 der Verein Lausitzer Perspektiven, den einige der 2013/14 Befragten gründeten. Zwei Initiativen, die für einen inklusiven und positiv zu gestaltenden Lausitzer Wandel stehen. 2018 traten die beiden Organisationen gemeinsam an die Öffentlichkeit, um für die Unterstützung der Zivilgesellschaft im Strukturwandel zu werben. Der Vorschlag, einen »Fonds Zivilgesellschaft«[7] ins Leben zu rufen, ist somit ein direktes Resultat aus dem »Plan A für die Lausitz«.

Im Verein Lausitzer Perspektiven Aktive gehören zu denjenigen, die an der Mitgestaltung einer nachhaltigen Zukunft großes Interesse haben. Dabei geht es ihnen mit Blick auf den Strukturwandel vor allem um die Gestaltungsperspektive einer nachhaltigen Gesamtentwicklung. Zudem möchten sie, dass Menschen ihre Erfahrungen einbringen können. Seit 2018 arbeiten sie deshalb an einem länderübergreifenden Netzwerk der organisierten Zivilgesellschaft, der Bürgerregion Lausitz, mit. Der von der Autorin mitbegründete Verein Lausitzer Perspektiven hat – bis auf Weiteres – die Trägerschaft des Netzwerkes inne. Die Bürgerregion Lausitz möchte eine Plattform für neue Formen der Bürgerbeteiligung sein – und ist gleichzeitig selbst eine solche Neuerung. In den Augen der Gründerinnen und Gründer ist die zivilgesellschaftliche Partizipation die Grundlage für eine Transformationskultur. Für die Umsetzung ihrer Dialog- und Beteiligungsprozesse werden die Strukturen der Mitgliedsorganisationen genutzt und ausgebaut. Zudem ließen sich die Kapazitäten aller Beteiligten gezielt ausweiten. Zurzeit erproben sie aufgrund von Corona neue Sitzungsformate und optimieren die digitale Zusammenarbeit. Dadurch werden die lausitzweiten Wege überbrückbar.

Noch ist offen, ob und wie die Zivilgesellschaft mit der neu geschaffenen Plattform in die »von oben« geplanten Strukturen hineinpasst. Mit ihrer Fachkompetenz und ihrem lokalen Wissen könnten sie unter den veränderten Rahmenbedingungen eine neue Dynamik einbringen. Gesellschaftlicher Dialog ist wie Strukturwandel per definitionem Gemeinschaftsaufgabe und kann nur mit breiter Beteiligung aller Interessengruppen funktionieren. Hierzu ist die Bürgerregion ein Angebot an die regionale und überregionale Politik, Verwaltungen, Wissenschaft und Wirtschaftsförderungen. Aktuell ist die Bürgerregion eine Initialzündung. Um sich effektiv einzubringen und einen signifikanten Entwicklungsbeitrag zu leisten, werden jetzt weitere finanzielle und personelle Kapazitäten benötigt.

Collective Impact – gemeinsam für die Lausitz

Die Frage, ob und wie lokale und regionale Entscheidungsträger sich ihrer Gestaltungsaufgabe im Strukturwandel annehmen, ist offen. Sicher ist, dass sich die Maßnahmen unmittelbar auf die Lebensbedingungen der Lausitzerinnen und Lausitzer auswirken werden. Um die Akzeptanz und die Unterstützung der Bürgerinnen und Bürger und wichtiger zivilgesellschaftlicher Akteure für die staatlichen Vorhaben zu gewinnen, sind neben einer soliden Wissensbasis mehr Austauschforen erforderlich. Sich zu vernetzen und möglichst partizipativ zu organisieren, ist kein Selbstzweck, sondern auch Mittel zum Zweck. Dabei sind die üblichen themenspezifischen Netzwerke ein Startpunkt.

Als Erweiterung bedarf es eines kollektiven Ansatzes. Auf Collective-Impact-Plattformen (»Plattformen für gemeinsames Wirken«) ist es das erklärte Ziel, sich über die Sektoren hinweg zu vernetzen, um gemeinsam wirksam zu werden. Dabei schließen sich verschiedene Akteure zu einer dauerhaften Verantwortungsgemeinschaft zusammen. Beispiele hierfür gibt es in Deutschland bislang nur wenige.

Heraus sticht die anschauliche Bildungsinitiative RuhrFutur[8], in der systemrelevante Bildungsakteure der Ruhr-Metropolen kooperieren. Sie waren sich einig, dass die gesellschaftliche Aufgabe, das Bildungssystem nachhaltig zu verändern, nur gemeinsam bewältigt werden kann. Aus diesem Grund orientiert sich die Arbeit von RuhrFutur am Ansatz des Gemeinsamen Wirkens (Collective Impact). Dort organisiert eine stark besetzte Geschäftsstelle die Arbeit von Land, Kommunen, Hochschulen und Zivilgesellschaft über alle Themenfelder hinweg – von der frühkindlichen bis zur Hochschulbildung. Die Geschäftsstelle ist das Rückgrat und zentrale Schalt- und Anlaufstelle. Gleichzeitig entsteht eine ungewöhnlich hohe Innovationskraft durch verschiedene Mitgestaltungsmöglichkeiten.

Am Anfang eines solchen Zusammenschlusses stehen eine Vereinbarung über eine langjährige Kooperation[9] sowie die Ziele und Wirkungen, die gemeinsam erreicht werden sollen. Danach nehmen die Beteiligten die ihrer Meinung nach drängendsten Fragestellungen und größten Herausforderungen in den Blick. Wenn die Plattform konstituiert ist, arbeiten auf ihr wissenschaftliche, politische, zivilgesellschaftliche und administrative Vertreterinnen und Vertreter an sozialen Innovationen. Der verstetigte Dialog verbessert nicht nur die Ausgestaltung von Lösungen, sondern erhöht auch das Vertrauen in die Gestaltungskraft und Selbstwirksamkeit der Beteiligten. Diese werden in Projekten konkret, erfahr- und sichtbar.

Die Geschäftsstelle unterstützt die Partner, indem sie
- ihre Arbeit aktiv begleitet,
- Bedarfe gemeinsam identifiziert,
- die Kommunikation zwischen den Beteiligten koordiniert,
- Veranstaltungen organisiert,
- inhaltliche und strukturelle Impulse setzt.

Maßnahmen und Projekte werden in immer wieder neuen Konstellationen gemeinsam umgesetzt und die Programme verbessert. Die Geschäftsstelle bereitet das steuerungsrelevante Wissen auf und schafft somit eine fundierte Datenbasis für die strategische Ausrichtung der Handlungsfelder. Die Wirkung der Plattform-Aktivitäten im Hinblick auf die Ziele wird regelmäßig evaluiert.

Die Stiftung Mercator hat RuhrFutur initiiert und finanziert Teile der Arbeit bis heute. Die praktischen Erfahrungen zeigen allerdings, dass es einen langen Atem braucht, um Plattformen aufzubauen und arbeitsfähig zu konstituieren.

Aufbruch in der Lausitz

Ein Initiator wie die Stiftung Mercator ist in der Lausitz leider nicht in Sicht. Die landeseigenen Entwicklungsgesellschaften sind aufgefordert, durch Kooperationen die Initiative zu ergreifen. Von ihnen – und dem politischen Willen – wird es abhängen, ob vorhandene Vernetzungsstrukturen zu multisektoralen Ansätzen werden. Falls dies nicht gelingt, befürchtet die Autorin, dass die abwartende Haltung der Bürgerinnen und Bürger in offene Ablehnung umschlägt.

Neben den ersten Schritten in Richtung Zivilgesellschaft haben sich Lausitzer Wissenschaftsnetzwerke, Wirtschaftsinitiativen, kommunale Verbünde und andere aufgemacht, Zukunftsprozesse zumindest sektoral gemeinsam zu denken. Der nächste Schritt ist das gezielte gemeinsame Wirken. Eine echte Chance für einen »Collective Impact Marke Lausitz«! Der Region selbst ist es zu wünschen, dass jetzt die Zeit für einen Plan A und neue Ansätze für die regionale Entwicklung gekommen ist. Um es mit den Worten eines Gesprächspartners der Voruntersuchung »Plan A für die Lausitz« zu sagen: Er wünscht sich, dass Menschen überzeugend sagen können: »Der Lausitz meine Zukunft geben!«

Anmerkungen

1 »Plan A für die Lausitz«, 2014, http://lausitzer-perspektiven.de/content/1-de/voruntersuchung_lausitz_plan-a.pdf (alle Internetseiten zuletzt abgerufen am 3.12.2020).
2 Die Verfasserin spricht absichtlich vom Wandel bzw. Strukturwandel oder Transformation, um zu verdeutlichen, dass es sich um einen umfassenden Wandel auf mehreren Ebenen und entlang unterschiedlicher Pfade handelt.
3 Collective Impact – unter »gemeinsam wirken« wird eine Koopera-

tion verstanden, bei der sich die wichtigsten Akteure aus allen betroffenen Sektoren zum Erreichen eines gemeinsamen und messbaren Ziels verpflichten und dieses langfristig verfolgen.

4 https://ec.europa.eu/info/strategy/priorities-2019-2024/european-green-deal_de.
5 Erstmals arbeiten sieben regionale Gebietskörperschaften länderübergreifend zusammen: Landkreise Bautzen, Dahme-Spreewald, Elbe-Elster, Görlitz, Oberspreewald-Lausitz, Spree-Neiße, Kreisfreie Stadt Cottbus.
6 Der Lausitz-Monitor (https://lausitz-monitor.de) beruht auf einer seit dem Frühjahr 2020 jährlich durchgeführten Online-Befragung; repräsentative Stichprobe nach Alter, Wohnort, Geschlecht; im Februar 2020: 523 Befragte in den zur Lausitz gehörenden Gebietskörperschaften.
7 http://lausitzer-perspektiven.de/content/1-de/fonds_zivilgesellschaft_lausitz_01_2019_lp_ekbo_v00.pdf.
8 https://www.ruhrfutur.de/gemeinsam-wirken.
9 https://www.ruhrfutur.de/sites/default/files/inline-attachments/Kooperationsvereinbarung_1.pdf.

Daniel Krüger

Wandel, Konflikt und Protest

Im Mobilen Beratungsteam arbeitet Daniel Krüger mit den Menschen vor Ort für den Erhalt des sozialen Friedens und ein demokratisches Gemeinwesen

Es ist eine Binsenweisheit: Veränderungen bergen Konflikte. Veränderungen berühren in unterschiedlichem Maß und auf verschiedene Art unsere Interessen. Wir können sie mehr oder weniger kontrollieren und gestalten und gehen unterschiedlich mit ihnen um. Der Strukturwandel in der Lausitz – wie auch andernorts – zeigt Konfliktpotenzial schon im Begriff. Die *Struktur,* das wirtschaftliche, soziale, kulturelle Gefüge einer Region, wird sich ändern, eine überindividuelle Ordnung, in der die Menschen ihren Alltag leben. Wie der langjährige *Wandel* gestaltet wird, wer in welcher Weise daran mitwirken kann, welche Entscheidungen getroffen und welche Perspektiven entwickelt werden, bestimmt wiederum darüber, welcher Alltag die gesellschaftliche Ordnung prägt.

Im folgenden Text will ich Überlegungen zu *Konflikt und Protest* aus den Erfahrungen meiner beruflichen Tätigkeit darstellen. Das Angebot des Brandenburgischen Instituts für Gemeinwesenberatung, für das ich im Mobilen Beratungsteam (MBT) arbeite, hat zwei Schwerpunkte: Wir beraten Menschen in Kommunalverwaltungen und in der Kommunalpolitik, bei freien Trägern und in zivilgesellschaftlichen Initiativen zur Weiterentwicklung einer partizipativen Demokratie und zur Rechtsextremismusprävention. In diesen Bereichen des Gemeinwesens ist der Umgang mit Konflikten ein wiederkehrender Beratungsgegenstand, in dem sich die politischen Polarisierungen unserer Zeit widerspiegeln.

Unter dem Begriff Protest betrachte ich hier insbesondere

ein Protestgeschehen auf der Straße, öffentliche Versammlungen, Demonstrationen, Kundgebungen, mit denen Menschen ihren Unmut ausdrücken, auf einen Missstand hinweisen, ihre politischen Positionen transportieren und zuweilen politische Veränderungen forcieren wollen.

Meine Überlegungen gehen in zwei Richtungen: Zum einen stellt sich aus der Perspektive meiner Tätigkeit die Frage, inwieweit demokratiefeindliche, rechtsextremistische Akteure in den Prozessen des Strukturwandels Wirkung entfalten. Gelingt es ihnen, Konflikte aufzugreifen und zu verschärfen? Können sie Proteste organisieren, die demokratiefeindliche Haltungen nachhaltig bestärken? Der Verfassungsschutz Brandenburg hat im September 2020 mit seinem Bericht für das Vorjahr mitgeteilt, dass das rechtsextremistische Personenpotenzial im Land in den letzten 30 Jahren noch nie so hoch war. Unter anderem wegen der Demonstrationen und Kundgebungen rechtsextremistischer Akteure seit 2014/15 wird der Süden Brandenburgs als Schwerpunktregion wahrgenommen.

Zum anderen möchte ich für die Sichtweise werben, Protest auf der Straße als Angebot der politischen Kommunikation zu verstehen und entsprechend zu adressieren. Protest wird zuweilen als Ärgernis oder Gefahr betrachtet; er kann aber auch Hinweis auf Konflikte sein, die somit sichtbar werden. Dadurch entsteht die Möglichkeit, sich mit ihnen auseinanderzusetzen. Dabei ist es nachrangig, ob Menschen in Vertretung ihrer eigenen Interessen demonstrieren oder ob Akteure versuchen, konflikthafte Stimmungen aufzugreifen und ideologisch zu instrumentalisieren. Denn auch Letzteres geschieht gewöhnlich in der Annahme, dass es ein nutzbares Konfliktpotenzial gibt.

Konfliktpotenzial

Welche Konflikte sind in den nächsten Jahren in der Lausitz zu erwarten? Keine Frage, dass der Strukturwandel konstruktiv gestaltet wird, mit finanziellen Mitteln, Ansiedlung von Unternehmen und Institutionen genauso wie mit Ideen und Beteiligung vor Ort. Dennoch ist es keine Spekulation, dass es ökonomische Einschnitte und soziale Veränderungen geben wird. Für viele Menschen wird diese abstrakte Beschreibung ganz konkret heißen: Ich verliere meinen Job. Ich kann nicht in dem Job arbeiten, den ich gelernt habe oder in dem ich lange tätig war. Was ich geleistet habe, verschwindet. Ich muss mich neu orientieren. Ich mache mir Sorgen um meine Zukunft und die meiner Familie. Mein soziales Umfeld wird sich verändern. – Selbstverständlich wird es dazu unterschiedliche politische Perspektiven, individuelle Interessen und Handlungsoptionen geben.

Das ist nicht neu, und ohne Hellseherei lässt sich abschätzen, dass an diese Erfahrungen und Ängste noch weitere, übergeordnete Themen anknüpfen werden: Verlust von Identität und sozialen Bindungen, kontroverse Gerechtigkeitsvorstellungen, das Verhältnis von Fremd- und Mitbestimmung, Konflikte zwischen Zentrum und Peripherie, möglicherweise Verlust von Vertrauen in demokratische Institutionen. Es sind wiederkehrende Themen des gesellschaftlichen Wandels, in dem wir uns befinden, sodass sich bestehende grundsätzliche Konflikte fortsetzen werden.

Bestenfalls werden in der Demokratie Konflikte öffentlich verhandelt, auch mit Protest als Mittel der Artikulation – auch mal laut und nicht immer freundlich. Welche Konflikte der Protest in der Zukunft aufgreifen wird, ist ungewiss. Ein wesentliches Protestthema der vergangenen Jahre war allerdings auch Thema des gesellschaftlichen Wandels: die Aufnahme von Flüchtlingen in Deutschland, die Entscheidungen, Wirkungen, Veränderungen und verschiedenen politischen Positionen dazu.

Deshalb will ich meine Überlegungen zu Wandel, Konflikt und Protest an dieser jüngeren Vergangenheit entwickeln – insbesondere weil an die Proteste gegen Flüchtlinge, ihre Unterbringung, die Asylpolitik rechtsextremistische Akteure anknüpften, teils als Organisatoren und häufig mit einer prägenden Wirkung auf die Versammlungen.

Ich ziehe meine folgenden Einschätzungen aus der Beobachtung von öffentlichen Versammlungen in dem benannten Spektrum in der Niederlausitz ab 2014. Eine grundlegende Erkenntnis für mich war, dass rechtsextremistische Akteure bei Protesten unter sich, in ihrem eigenen Milieu bleiben, wenn sie auf ihren ideologischen Kern, ihre Rhetorik und ihre Mittel beschränkt sind. Um Außenwirkung zu erzielen, bedürfen sie einer Protestdynamik.

Protestdynamik

Aus der Analyse der Demonstrationen und Kundgebungen ab 2014 in der Region und aus den Beratungen dazu haben wir im MBT ein Modell entwickelt, das vier Einflussfaktoren für die Protestdynamik aufzeigt.

Protestmanager: Eine basale wie banale Notwendigkeit jedes Protests ist, dass ihn jemand anstößt. Soll eine öffentliche Versammlung stattfinden, muss jemand zumindest Ort, Tag und Uhrzeit festlegen. Ansprechpersonen werden gebraucht. Inhalte, Programm, Kommunikation und Mobilisierung müssen organisiert werden. Wer das wie macht, beeinflusst zwangsläufig die weitere Entwicklung. Neben Image, politischer Agenda und sozialer Verankerung der Akteure vor Ort ist das entscheidende Kriterium für ihre Wirkung, welche Kompetenzen sie einbringen.

Lokaler Konflikt: Menschen demonstrieren, wenn sie etwas bewegt. Ein politischer Konflikt in der Nachbarschaft, im Dorf oder in der Stadt, in der man lebt, ist unmittelbar greifbar. Wenn Veränderungen anstehen, sind die eigenen Lebensumstände direkt betroffen oder die Meinungspolarisierungen spiegeln sich in den sozialen Beziehungen wider. Die Veränderungen müssen noch nicht einmal konkrete Wirkungen zeigen; gerade die gefühlte Überforderung eines Gemeinwesens und entsprechende Zukunftsprojektionen bieten Konfliktpotenzial.

Themenpräsenz in Massenmedien: Neben der Erfahrungswelt im sozialen Umfeld entsteht durch die Vermittlung eines Themas im Fernsehen, in herkömmlichen Print- und in Onlinemedien sowie über Social-Media-Kanäle eine Realität. Alle kennen das Phänomen, dass einzelne Themen über einen begrenzten Zeitraum eine Omnipräsenz haben und damit auch individuell an Gewicht gewinnen. Selbstverständlich gibt es in einer Mediendebatte verschiedene Sichtweisen, die Präsenz verleiht aber insgesamt Bedeutung: Man kommt nicht am Thema vorbei. Man muss sich positionieren. Der übergeordnete Diskurs beeinflusst auch die Wahrnehmung lokaler Konflikte – wenn alarmistische Stimmungen überwiegen, entsprechend zugespitzt.

Treffen diese Einflüsse zusammen, steigt nach unserer Erfahrung die Wahrscheinlichkeit eines dynamischen Protestgeschehens mit verhältnismäßig regelmäßigen Veranstaltungen, relativ vielen Teilnehmerinnen und Teilnehmern sowie einer eher heterogenen Zusammensetzung des Publikums. Nimmt einer der Einflüsse ab, geht in der Regel auch der Protest zurück.

Ein zusätzlicher, vierter Einflussfaktor, der der Mobilisierung einen Schub geben kann, ist das *Spektakel.* Jede Demonstration oder Kundgebung hat mehr oder weniger den Charakter eines Spektakels. Sie ist soziales Event, man knüpft Beziehungen und erlebt sich mit Gleichgesinnten als Gruppe in Abgrenzung zu anderen. In den Kommunikationsblasen der Akteure steigern sich Teilnehmerzahlen und Wirkungsfantasien zuweilen ins Irreale. Protestmanager, die ein Verständnis von Aufmerksamkeitsökonomie und Kampagnenpolitik haben, inszenieren Protest mit Polarisierungen, Emotionalisierungen und Pauschalisierungen.

Mit Spektakel meine ich hier aber den Fall, dass ein lokaler Konflikt und Protest zugleich umfangreich und inhaltlich verkürzt in überregionalen Medien verhandelt wird. Eine solche mediale Präsenz mit zugespitzten Stimmungsbildern kann einen mobilisierenden Effekt haben, den die Protestmanager selbst kaum erreichen.

Rückblick

Was bedeutet dieses Modell konkret? Einige regionale Beispiele, insbesondere aus Cottbus, sollen die Einflussfaktoren verdeutlichen.

Im Herbst 2015 kannten deutsche Medien im Wesentlichen *ein* übergreifendes Thema: Flüchtlinge. Im Raum stand die Zahl von einer Million Menschen oder mehr, die innerhalb kurzer Zeit nach Deutschland kommen sollten. Kaum eine Talkshow oder Nachrichtensendung kam ohne dieses Thema aus. Das ist keine Kritik. Die Debatte war nicht aus der Luft gegriffen. Es kamen viele Menschen, verteilt auf die Bundesrepublik, und das lief bei Weitem nicht konfliktfrei. Dieser Prozess vollzog sich mit hohem Tempo und veränderte unsere Gesellschaft. Darüber zu berichten und die Entwicklungen einzuordnen, ist Aufgabe der Presse. Zugleich trafen Berichte über ein Geschehen mindestens europäischer Dimension auf individuelle, lokale Erfahrungswelten. Eine Million Menschen standen qua Fernsehnachrichten im eigenen Wohnzimmer. Die Präsenz dieses Themas gab ihm besonderes Gewicht; die schwer fassbare zahlenmäßige Dimension, die vielen offenen Fragen und die alarmistischen Stimmen prägten seine Deutung.

Die Intensität der Debatte bewirkte eine zugespitzte Wahrnehmung des Themas. Die Flüchtlingszahl war bereits in den

Vorjahren deutlich angestiegen und machte es ab 2014 auch im Land Brandenburg notwendig, neue Gemeinschaftsunterkünfte und Wohnverbünde für die ankommenden Menschen zu organisieren. Das traf vor Ort sowohl auf großes unterstützendes Engagement als auch auf vehemente Ablehnung. Kommunen versuchten, die Prozesse mit Einwohnerversammlungen und Informationsangeboten zu begleiten. Abgesehen von den Dresdner Pegida-Demonstrationen mit ihrer überregionalen Reichweite gab es in Brandenburg relativ wenige öffentliche Protestveranstaltungen. In Lübbenau wurde 2014 die Einrichtung einer Gemeinschaftsunterkunft im dörflichen Ortsteil Kittlitz kontrovers diskutiert, eine Mobilisierung auf der Straße gab es aber nicht. In Guben versuchte 2014 der NPD-Kreisverband Lausitz, mit Kundgebungen gegen eine neue Flüchtlingsunterkunft zu agieren, konnte aber mit maximal 50 Teilnehmern und Teilnehmerinnen nur sein regionales Klientel dafür motivieren. In Cottbus, wo mehrere neue Unterkünfte entstanden, gab es keinen Protest auf der Straße.

Im Herbst 2015 fand eine Reihe von Demonstrationen verschiedener Akteure in Cottbus-Sachsendorf statt, die sich gegen die Einrichtung einer großen Notunterkunft für Flüchtlinge im Stadtteil und gegen die Asylpolitik im Ganzen richteten. In einzelnen Gesprächen mit – gesprächswilligen – Teilnehmern und auch in den Satzfetzen, die aus dem Publikum zu hören waren, begegneten mir auf den ersten Veranstaltungen unabhängig von ideologischen Bewertungen der Verweis auf die immense Zahl von einer Million Menschen und die Frage, wie das denn gehen solle.

Der Ausgangspunkt des lokalen Protestgeschehens in Cottbus war die Einrichtung einer behelfsmäßigen Erstaufnahme der Zentralen Ausländerbehörde des Landes Brandenburg. Die Information, dass circa 1000 Menschen in einer umgenutzten Turnhalle übergangsweise unterkommen sollten, war mit wenigen Tagen Vorlauf in der *Lausitzer Rundschau* zu lesen. Die Zuständigkeit lag beim Land Brandenburg, vor Ort gab es wegen der Kürze der Zeit Informationsdefizite. 1000 Menschen sind etwa zehn Prozent der Einwohnerzahl des Stadtteils Sachsendorf. Diese Größe wurde im Betrieb der Unterkunft bei Weitem nicht erreicht. Als Ankündigung und in Verbindung mit Unsicherheiten und negativen Erwartungen wurde sie aber von vielen als relative Überforderung des Gemeinwesens, in jedem Fall als deutliche Veränderung des Alltags wahrgenommen.

Diese Konfliktlage bot einerseits ausländer- und demokratiefeindlichen Akteuren Gelegenheit, ihre politische Agenda in die Öffentlichkeit zu tragen. Andererseits gewann der Protest seine Dynamik aus der Heterogenität der Motivlagen. Bei mehreren Hundert Menschen, die im Oktober und November 2015 in Cottbus-Sachsendorf auf der Straße waren, mischten sich diverse Motive: konkrete Betroffenheit im Lebensumfeld, allgemeiner Frust, Benachteiligungsgefühle, politische Entfremdung, Unverständnis/Ablehnung der Asylpolitik, Überforderungshaltung – zudem hatten die Proteste eine Attraktion als soziales Event. Die Entwicklung wurde dann durch mehrere Protestmanager bestimmt. Sie machten mit ihren Angeboten von Demonstrationen und Kundgebungen öffentliche Proteste möglich. Da sie ohne weitere politische Strategie, ohne besondere Mobilisierungsfähigkeit und ohne Sozialraumbezug agierten sowie zum Teil als Rechtsextremisten politisch stigmatisiert waren, setzten sie gleichermaßen dem Protest Grenzen.

Am 9. Oktober 2015 demonstrierten geschätzt 400 Menschen durch Sachsendorf. Die Versammlung war nicht angemeldet, eine Versammlungsleitung und ein Programm nicht auszumachen. Die Mobilisierung hatte vermutlich über soziale Medien und direkte Kommunikation im Stadtteil stattgefunden. Die Stimmung war aufgeladen. Der Zug wollte zur Notunterkunft, wo zeitgleich ein Willkommensfest stattfand. Die Polizei stoppte die Demonstration, es kam zu Konfrontationen.

Eine Woche später bestand die Mobilisierung zu einer weiteren nicht angemeldeten Versammlung wiederum darin, dass Tag, Zeit und Ort, der Parkplatz eines Supermarktes, feststanden und verbreitet wurden. Es kamen überwiegend Einwohnerinnen und Einwohner Sachsendorfs, aber auch Gruppen aktionsorientierter Rechtsextremisten waren zu beobachten. Der Aufzug stand vor seiner Auflösung durch die Polizei, als zwei Männer, die der Reichsbürger-/Selbstverwalter-Szene zugerechnet wurden, spontan die Leitung der Veranstaltung übernahmen. Sie führten die Ansammlung zu einem größeren Parkplatz und hielten dort eine Kundgebung ab.

Parallel hatte die NPD am 16. Oktober eine Versammlung in Sachsendorf organisiert. Das geschah strukturierter, mit Anmeldung, Motto »Nein zum Heim«, mit vorbereiteten Redebeiträgen, Veranstaltungstechnik und erkennbarer Parteimobilisierung. Die Teilnehmerzahl schwankte zwischen 150 und 500 – es gab an dem Abend viel Bewegung von Menschen im Stadtteil auch zwischen den Versammlungen. Die NPD formulierte relativ klar einen organisatorischen und inhaltlichen Führungsanspruch und kündigte weitere Demonstrationen im Zwei-Wochen-Rhythmus bis zur Schließung der Notunterkunft an. Letztere war ohnehin für Dezember des Jahres vorgesehen.

Eine Woche später, am 23. Oktober 2015, organisierten die Akteure aus dem Reichsbürger-/Selbstverwalter-Spektrum eine Kundgebung »Gegen Behördenwillkür« mit circa 300 Teilnehmerinnen und Teilnehmern, die die Differenzen zwischen Organisatoren und Publikum deutlich machte. Während der Redner ausführlich seine Auseinandersetzungen mit dem Ordnungsamt und anderen Behörden sowie seine Sicht auf die Welt und die politischen Verhältnisse darlegte, bezogen sich die Anliegen des Publikums vor allem auf die Situation vor Ort. Noch während der Versammlung nahm die Teilnehmerzahl deutlich ab.

Die Organisatoren boten nachfolgend noch zwei Versammlungen unter dem Motto »Das System ist das Problem« an, am 6. und am 20. November 2015, zogen dafür in das Stadtzentrum um und verloren mit circa 200 und 100 Teilnehmern und Teilnehmerinnen sichtbar an Zuspruch. Die NPD blieb in Sachsendorf und organisierte noch drei Versammlungen, am 30. Oktober sowie am 13. und 27. November. Sie bot ein umfangreiches Programm mit Rednern und Rednerinnen aus dem Landesverband, konnte damit aber nicht die Menschen im Stadtteil erreichen. Das NPD-Klientel reduzierte sich von circa 300 auf 120 und zuletzt etwa 70 Personen.

Die Protestmanager scheiterten, die Medienpräsenz des Themas ging zurück, die Notunterbringung von Flüchtlingen wurde wie geplant beendet, und Akteure im Stadtteil versuchten, kleinteilige Konflikte konstruktiv zu lösen. Eine weitere Eskalation in Sachsendorf blieb aus. Weiterhin bestand allerdings der Eindruck einer aggressiven Stimmung von Einwohnerinnen und Einwohnern, die sich hinter rechtsextremistischen Parolen sammelten, und von gewalttätigen Angriffen im Umfeld der Proteste. Die Entwicklung der folgenden Jahre legt nahe, dass sich in Teilen der Bevölkerung Einstellungen verfestigten. Zudem wurden die Herausforderungen für die Stadt Cottbus durch Zuwanderung und Integration nicht geringer.

Insofern konnte der Verein »Zukunft Heimat« anderthalb Jahre später, im Mai 2017, an diese Stimmung anknüpfen, als er seine Aktivitäten in Cottbus startete. »Zukunft Heimat« agiert weitaus professioneller als andere Protestmanager. Der Verein mit Ursprung in Golßen ist eng verbunden mit dem »Flügel« der AfD, den ideologischen Vordenkern des »Instituts für Staatspolitik« und seiner Kampagne »Ein Prozent« – in der Zwischenzeit allesamt rechtsextremistische Verdachtsfälle des Bundesamtes für Verfassungsschutz. Mit der Einstufung als rechtsextremistisches Beobachtungsobjekt ab Anfang 2020 bestätigte der Brandenburgische Verfassungsschutz die lange vermutete Verbindung des Vereins zur verbotenen »Widerstandsbewegung in Südbrandenburg«.

Von Oktober 2015 bis April 2016 versuchte »Zukunft Heimat«

mit Demonstrationen in Lübbenau, Lübben und Vetschau, eine Art »Pegida auf dem flachen Land« zu initiieren. Die Auftritte waren durchinszeniert mit eingängigen Protestschildern, Luftballons in den Stadtfarben der jeweiligen Kommune, szeneprominenten Rednern und professionellen Videos. »Zukunft Heimat« konnte Menschen aus einer größeren Region mobilisieren, war aber ebenso mit dem Rückgang lokaler Konflikte und der Medienpräsenz konfrontiert, sodass sich die Teilnehmerzahl von circa 600 auf zuletzt etwa 200 reduzierte.

In Cottbus setzte »Zukunft Heimat« insbesondere auf das Thema ethnisierte Gewalttaten und gestaltete faktisch einen AfD-Wahlkampf für die Bundestagswahl 2017. Besonders war allerdings der Umstand, dass Anfang 2018 eine Gewalttat und eine Bedrohung durch zwei junge Syrer sowie die »Zukunft Heimat«-Proteste zu einem bundesweiten Medienthema wurden und sich die Berichterstattung überschlug. Die mobilisierende Wirkung war hoch – eine überregionale rechtspopulistische/rechtsextremistische Protestszene stilisierte Cottbus zum nächsten Protestort, sodass am 3. Februar 2018 »Zukunft Heimat« mit etwa 2600 seine höchste Teilnehmerzahl erreichte.

Was tun?

Eines der Beratungsfelder des Mobilen Beratungsteams ist die Auseinandersetzung mit demokratiefeindlichen, insbesondere rechtsextremistischen Akteuren. Die Beratungsfrage im Zusammenhang mit den zuvor dargestellten Prozessen ist, wie eine Auseinandersetzung mit Protestdynamiken gestaltet werden kann, die von solchen Protestmanagern aufgegriffen und gegebenenfalls gefördert werden. Unser Beratungsansatz ist, auf die möglichen Wirkungen zu schauen.

Zum einen können diese Akteure, wenn es ihnen gelingt, sich von ihrer gesellschaftlichen Stigmatisierung zu lösen, ein breites Publikum ansprechen, für sich gewinnen und einbinden. Zum anderen ist die Strategie zu beobachten, mit Emotionalisierung, Pauschalisierung und Polarisierung Konflikte zuzuspitzen und mit der Eskalation die Systemfrage zu stellen.

Mit dem Ziel, derartigen Entwicklungen etwas entgegenzusetzen, und mit Blick auf die dargelegten Einflussfaktoren von Protestdynamik – Protestmanager, lokaler Konflikt, Themenpräsenz in Massenmedien, Spektakel – ergibt sich ein wesentliches Handlungsfeld für die demokratischen Akteure vor Ort: die kooperative Bearbeitung der lokalen Konflikte. Massenmedial erzeugte Themenpräsenz und Spektakel lassen sich in den jeweiligen Handlungs- und Rezeptionslogiken kaum beeinflussen – allerdings haben Aufmerksamkeitsspannen ein Ende, und Eskalationsrhetoriken laufen sich ab. Die begründete Abgrenzung von rechtsextremistischen Akteuren ist richtig und wichtig, aber eine direkte Einflussnahme auf ihr Handeln ist schwer möglich. Eine Einschränkung der grundrechtlichen Versammlungsfreiheit – abgesehen von den versammlungsrechtlichen Ausnahmen – verbietet sich.

Für die lokale Konfliktbearbeitung und allgemein den Umgang mit schwierigen Themen auf kommunaler Ebene möchte ich aus unserer Beratungspraxis drei Thesen aufstellen.

Eine *differenzierte Wahrnehmung* von Protesten ermöglicht eine Auseinandersetzung mit den zugrunde liegenden Konflikten: Wer agiert? Wer wird mobilisiert? Wer wird erreicht? Was sind ideologische Motive, politische Agenda, persönliche Betroffenheit, verschiedene Interessen und lokale Problemlagen? Welche Wirkungen werden erzielt? Welche Widersprüche gibt es im Protest? und so weiter. Die Differenzierung spricht nicht gegen eine eigene kritische, auch pointierte Meinungsäußerung. Aber zum Beispiel eine Polarisierungsstrategie anzunehmen und fortzusetzen, bedeutet auch, Abgrenzungen, Gruppendynamiken und Konfliktlinien zu verfestigen.

Wo sie möglich sind, können *Kommunikations- und Informa-*

tionsangebote – insbesondere durch politisch Verantwortliche – helfen, Konflikte zu reduzieren. Damit sind keine Angebote an rechtsextremistische Protestmanager gemeint, sondern sozialraum- und gruppenbezogene Gespräche mit den Angehörigen eines Gemeinwesens, möglichst konkret und direkt. So lassen sich unterschiedliche Interessen, Bedürfnisse und Probleme unmittelbar wahrnehmen und Lösungen suchen. Bereits Wahrgenommen- und Mitgenommenwerden, die Beteiligung am Prozess ermöglichen Perspektivwechsel.

Um politische Entscheidungen verstehen zu können, braucht es *Transparenz*. Wer Verantwortung trägt, muss sein Handeln begründen. Das gilt insbesondere für den Umgang mit schwierigen Themen.

Das alles sind keine »Allheilmittel«. Wo Konflikte entstehen, wo also verschiedene Interessen zusammentreffen und umkämpft sind, gibt es Reibungen und Zerwürfnisse. Nicht jeder Interessenunterschied lässt sich ausgleichen. Gleichwohl denke ich, dass es grundlegende Handlungsansätze sind, um mit Konflikten, gerade im Zuge gesellschaftlichen Wandels, umzugehen, sodass ein sozialer Zusammenhalt gewährleistet bleibt und konstruktive Lösungen möglich sind. Jede Veränderung braucht eine solche Verantwortung. Und es hilft, viele Werkzeuge statt nur einen Hammer zu besitzen.

An welchen konkreten Konflikten sich im Strukturwandel in der Lausitz zukünftig Proteste entwickeln werden, kann nur spekuliert werden. Sie werden eine Form politischer Artikulation sein. Sie werden auch emotional und politisch aufgeladen sein. Zu sehen war das bereits bei den vergangenen Protesten gegen den weiteren Betrieb von Tagebauen und Kohlekraftwerken, wo eine ökologisch motivierte überregionale Mobilisierung vor Ort auf das Interesse am Erhalt ökonomischer Infrastruktur traf. Wenn Rechtsextremisten in einem solchen Kontext aktiv werden, führt das zu Eskalationen und teils zu unmittelbaren Angriffen. Wenn sich weitergehend Akteure durchsetzen, die mit einer Strategie der Spannung gesellschaftliche Polarisierung fördern, um »die Systemfrage« zu stellen, werden eine konstruktive Bearbeitung von Konflikten und die gemeinsame Entwicklung der Region erschwert. Ansätze, dem langfristig entgegenzuwirken, sind beispielsweise aktuell in der Stadt Spremberg (siehe dazu das Interview mit Christine und Janine Herntier ab Seite 29 in diesem Band) zu erleben, nämlich mit den Versuchen, eine Kultur der Beteiligung zu lernen und zu etablieren.

Angelina Burdyk

Die ganze Welt in Bischofswerda

Aus Kasachstan über Dresden kam Angelina Burdyk nach Bischofswerda, wo sie den interkulturellen Verein Mosaika mitgründete

Wegzug aus der Märchenstadt

»Nach Schiebock[1] ...«, die Enttäuschung in der Stimme meiner Bekannten war deutlich zu hören, nachdem ich ihr mitgeteilt hatte, dass ich mit meinem Mann und unserer kleinen Tochter in Kürze aus Dresden wegziehen würde. Mir ist diese Entscheidung nicht leichtgefallen. Denn als ich drei Jahre zuvor Dresden zum ersten Mal sah, war mir sofort klar, dass ich in dieser Stadt leben wollte.

Aufgewachsen bin ich in einer großen Industriestadt im Süden Kasachstans, umgeben von der Steppe und felsigem Gebirge. Bis dahin hatte ich solche Barockstädte wie Dresden nur in Märchenfilmen gesehen. Seit den 1990er-Jahren waren Auslandsreisen für die Bürger der ehemaligen Sowjetunion möglich. Meine Familie war aber nie reich. Nach den Erschütterungen der Perestroika ist das noch deutlicher geworden. Ich hatte zwar einen guten Job in einer Firma, die mit Ausrüstungen für Ölbetriebe handelte. Das reichte für ein gutes Leben in Kasachstan und für die Reisen in die Republiken der ehemaligen Sowjetunion, aber bis nach Europa kamen wir damit nicht.

Darum fühlte ich mich wie in einem Märchen, als ich mit meiner Mutter, den Großeltern, der Tante und Cousine im Jahr 2000 nach Deutschland einreiste. Das romantische Flair des »Elbflorenz« mit seinen Schlössern, Parks und freiliegenden Ufern fand ich wunderschön. In unserer Glaubensgemeinde fand ich schnell Freunde. Sie halfen beim Deutschlernen und bei den Fragen des täglichen Lebens. Das Wort »Aussiedlerin« stand nur auf dem Papier. Ich habe mich zu Hause gefühlt. Mit der

Zeit bildete sich ein neuer Freundeskreis. Hier habe ich meinen Mann kennengelernt. Gleich nach der Jahrhundertflut von 2002 erblickte unsere erste Tochter die Welt.

Und nun findet mein Mann ausgerechnet dort eine Arbeit, wo laut Statistik die Arbeitslosenquote eine der höchsten in Sachsen ist und wo die Jugend wegzieht. In seinem Beruf als Tierarzt ist es kein Wunder, auf dem Land eine Stelle zu finden. Besonders weil er schon immer gerne mit großen Nutztieren zu tun hatte. Eine Weile habe ich noch gehofft, dass wir weiter in Dresden würden wohnen können und Viktor jeden Tag in die Lausitz pendeln könnte. Aber er musste häufig am späten Nachmittag oder nachts wegen einer schweren Geburt oder einem »Festlieger« hinausfahren. Einige Male nahm er mich mit. In den Staus auf den Ausfallstraßen Dresdens wurde mir klar: Mein Mann ist mir wichtiger als das schöne Ambiente.

Die ersten sieben Jahre

Wir mieteten eine Wohnung in dem einzigen Haus auf der »Kinostraße« in Bischofswerda, wo keine gegenüberliegenden Häuser den Ausblick ins Grüne am Mühlteich versperrten. Hier kam unser zweites Kind, ein Sohn, zur Welt. Kurz nach seiner Geburt konnten wir ein Haus in der Nähe von Bischofswerda ersteigern. Das war ein wahres Geschenk! Ein großes Haus im guten Zustand, bis zuletzt bewohnt und für einen Kaufpreis, der nach Aussage meines Kölner Onkels »nicht einmal für eine Garage reichen dürfte«.

Das Leben am Waldrand war für mich als gebürtige Stadtbewohnerin zuerst ungewöhnlich und sogar beängstigend. Aber wenn man schon so viel im eigenen Leben geändert hat, fällt diese weitere Veränderung viel leichter. Außerdem waren Ruhe, die wunderschöne Umgebung und freundliche Nachbarn unbestreitbare Vorteile, die mir bei der Eingewöhnung an diesem neuen Ort halfen. Viktor, der in einem ukrainischen Dorf aufgewachsen war, fühlte sich hier bestens und wurde von seinem Chef und den Kunden sehr geliebt und geachtet. So wusste schon bald fast jeder Tierbesitzer in den umliegenden Orten, dass hier ein »russischer« Tierarzt wohnt.

Die ersten vier Jahre bin ich noch jede Woche zur Chorprobe in die Synagoge nach Dresden gefahren. Dann aber, als das dritte und das vierte Kind kamen, war das nicht mehr machbar. Das Leben hat sich endgültig in die Oberlausitz verlagert.

Durch Kirchgemeinde, Krabbelgruppe und Kindergarten sind wieder neue Beziehungen und Freundschaften entstanden. In Dresden waren wir ab und zu unsere Familien und Freunde besuchen. Aber ziemlich selten, denn meine Mutter hatte mittlerweile in Bischofswerda einen »russischen« Laden eröffnet. Später sind auch Viktors Eltern in unsere Nähe gezogen. Immer deutlicher wurde, dass mein Zuhause jetzt hier, in dem kleinen Dorf am Ende der Welt, ist. Hier steht der ganze Wald einem fast allein zur Verfügung, wenn man spazieren geht. Hier kann ich in meinem Haus alles machen, ohne jemanden fragen zu müssen, ob ich das darf. Hier ist es ganz still und dunkel nachts. Da lässt es sich so gut schlafen.

Wenn jemand mir vor zehn Jahre gesagt hätte, dass ich in einem kleinen Dorf wohnen, vier Kinder haben und ein Leben als Hausfrau führen würde, hätte ich es nicht geglaubt. Jetzt war das aber so, und ich war sogar ziemlich gut in dieser Rolle. Als die Kinder größer wurden, kam die Frage: Was mache ich weiter? Selbstverständlich war ich zu der Zeit zu Hause »vollbeschäftigt«, und es hätte auch so bleiben dürfen. Mit vier Kindern wäre das völlig legitim.

Eine nüchterne Betrachtung meiner Fähigkeiten und Kenntnisse hat mir gezeigt, dass eine Beschäftigung als Angestellte mit meinem Chemie-Ingenieurdiplom nicht infrage kam. Einen Minijob als Putzfrau, Mitarbeiterin in einem Büro, in der Küche oder in einem Laden wollte ich nicht. Blieb nur das Ehrenamt. Aber wo?

Kurz darauf kam Viktor mit einer Nachricht nach Hause, dass bald, 2012, in Bischofswerda ein Flüchtlingsheim eröffnen würde. Dort sollte eine Gruppe Russisch sprechender Tschetschenen untergebracht werden. Übersetzung und Betreuung seien sehr gefragt. Das war die Antwort! Sprache war schon immer meine Stärke. Von Anfang an habe ich in Deutschland meine Großeltern und ihre Freunde zu Ärzten begleitet und für sie Angelegenheiten in den Behörden geregelt. Eigentlich musste ich nur eine Entscheidung treffen: den ersten Schritt über die Türschwelle des Asylbewerberheimes zu machen. Ab dann lief es wie von allein.

Ein neues Kapitel

Das Heim für Geflüchtete in Bischofswerda war hauptsächlich für Familien gedacht. Damals wohnten dort mehrere Familien aus Tschetschenien, Irak, Iran, Syrien, Albanien und Serbien. Später kamen auch einige aus Georgien dazu. Nach meiner Ansage, dass ich Russisch spreche und mit Übersetzungen helfen kann, bildete sich sofort eine Schlange. Menschen hatten Behördenschreiben in der Hand oder wollten etwas mit dem Heimleiter besprechen. Dieser konnte einigermaßen Russisch, das reichte aber nicht für alles. Dabei versuchten nicht nur einige Tschetschenen meine Übersetzerdienste in Anspruch zu nehmen. Manchmal entwickelten sich kleine Netzwerke. So half ich Kurden aus der ehemaligen Sowjetunion, die ebenfalls Russisch sprachen und die wiederum Kurden aus anderen Ländern helfen konnten. Einige wünschten sich einfach nur jemanden, der ihnen zuhörte.

Ich war öfters im Heim. Meistens wegen eines Termins oder einer Besprechung, ab und zu aber auch einfach als Besucherin. Im Übersetzen bei Ärzten und in der Kommunikation mit dem Gesundheitsamt wurde ich bald ein Profi. Und durch die Übersetzungen bei Anwälten habe ich die gesetzlichen Grundlagen des Asylverfahrens kennengelernt. Man könnte ein ganzes Buch mit Geschichten über Flüchtlinge in Bischofswerda schreiben. Geflüchtete sind, um es kurzzufassen, so unterschiedlich wie alle anderen Menschen auch. Sie vereint allerdings ein schweres Schicksal und auch ein starker Charakter. Denn um die Kinder zu schnappen, das Nötigste zusammenzupacken und ins Ungewisse aufzubrechen – selbst vor den schweren Lebensbedingungen im Heimatland, Krieg, Verfolgung, Hungersnot oder aus anderen Gründen –, braucht man schon Mut. Dann muss man mitunter ein jahrelanges Leben mit Familie in einer Gemeinschaftsunterkunft in Kauf nehmen. Da ist ein starker Charakter gefragt.

Sich integrieren oder integriert werden?

Selbstverständlich war ich nicht allein im Heim aktiv, parallel gab es dort auch andere Ehrenämtler. Eine von ihnen war eine Grundschullehrerin aus Kasachstan. Sie beschäftigte sich einmal pro Woche mit den Kindern, um ihnen die deutsche Sprache beizubringen, und vermittelte zwischen Schule und Eltern. Wir verstanden uns gut und waren schon bald miteinander befreundet. Während wir noch in Bischofswerda wohnten, bekam ich kurioserweise nicht mit, dass es hier ein »russisches« Viertel gibt. Und auf einmal hatte ich eine erste Russisch sprechende Freundin in »Schiebock«. Wir trafen uns regelmäßig oder telefonierten stundenlang miteinander. Gleiche Heimat, Geschichte und Glaube lieferten genug Gesprächsthemen. Von ihr habe ich erfahren, dass es in Bischofswerda eine Initiativgruppe gibt, die mit Aussiedlern arbeitet, »russische« Feste organisiert und daran denkt, einen Verein zu gründen. Die Gruppe bestand damals aus Aussiedlern und Einheimischen, die ihnen bei der Integration helfen wollten.

»Wir möchten einen Verein gründen. Willst du unsere Vorsitzende sein?«, lautete die Anfrage meiner neuen Freundin. So landete ich in einer Sitzung dieser Initiative. Es ging um die Organisation eines Festes anlässlich des Internationalen Frauentages, der für alle aus der Sowjetunion Stammenden von großer Bedeutung ist. Das war die erste Aktion, die ich mitgemacht habe. Gleichzeitig war es die letzte Aktion in dieser Zusammensetzung der Initiative.

Im Frühling 2014 bekam ich eine Einladung von der Ausländerbeauftragten des Landkreises, die Interkulturelle Woche im Raum Bischofswerda zu koordinieren. Die Aufgabe gefiel mir und ich fing an, mir bekannte Musiker aus Dresden zu engagieren und nach Förderung für die Veranstaltungen zu suchen. Als ich zur nächsten Sitzung mit einem fertig geschriebenen Konzept kam, war das für unsere deutschen Freunde etwas zu viel. Sie stellten sich Integration als Kaffeekränzchen und Bastelrunde einmal im Quartal vor. Wir dagegen dachten an interkulturelle Arbeit mit Kindern und Erwachsenen, mit Geflüchteten und anderen Einwanderern. Also mussten wir uns trennen.

Im Dezember 2014 gründeten sieben Aussiedler einen neuen Verein. Der Vereinsname sollte die Vielfalt unserer Heimatländer, Talente und Interessen widerspiegeln. Das Word »bunt« jedoch wollten wir auf keinen Fall nehmen, da dieses Adjektiv sehr intensiv genutzt wird. So haben wir den Verein Mosaika e. V. getauft.

Erste Schritte

Die sieben Gründer und ein paar Freunde waren die ersten aktiven Vereinsmitglieder. Uns ist es gelungen, mit der Besitzerin des einzigen Einkaufszentrums »Schiebock Passage« in Bischofswerda-Süd eine Vereinbarung zu treffen. Das war das zweite Geschenk – nach unserem Wohnhaus –, das ich in der

Oberlausitz erleben durfte. 300 Quadratmeter große Räume mit Küche, Toiletten und Abstellräumen haben wir zur Nutzung bekommen. Dafür sollte jemand von uns die Treppe des Einkaufszentrums, wo eine maschinelle Reinigung nicht möglich war, saubermachen. »Geld habt ihr eher keins«, war die Aussage der damaligen Passagenbesitzerin. Und sie hatte recht. Ohne ihre Großzügigkeit wäre wohl kein Mosaika e.V., wie wir ihn jetzt betreiben, möglich gewesen. Genauso wenig wie ohne die zahlreichen Förderungen für ehrenamtliche Vereine und Initiativen. Aber auch die Beratung durch unser Steuerbüro und die Unterstützung seitens der Stadt Bischofswerda waren und sind bis heute von großer Bedeutung für uns.

Die Tätigkeit von Mosaika startete explosionsartig. Nach der Interkulturellen Woche 2014 und der Vereinsgründung haben wir ein Neujahrsfest für Kinder auf die Beine gestellt und Anfang Januar 2015 die erste Geburtstagsfeier von Mosaika organisiert. Das war einerseits der Jahrestag der ersten Aktion der ehemaligen Initiative, anderseits tatsächlich die Geburtsstunde unseres Vereins. Als Nächstes kamen regelmäßige Angebote für Kinder und Sprachkurse für Geflüchtete. Damals noch in einem leeren Raum. Von der Stadt bekamen wir einige Stühle und Tische aus der alten Schule, und jemand überließ uns eine alte Küche. Nichtsdestotrotz haben wir immer wieder Projekte angeschoben und fleißig für die weitere Ausstattung gesammelt. Schon im ersten Jahr liefen einige Programme für Teenager und Jugendliche, und wir beteiligten uns mit unserer Tanzgruppe und einem Bastelstand an den Stadtfesten. Zum Jahreswechsel 2015/16 brachten wir unser erstes Wintermärchen auf die mittlerweile halbwegs ausgestattete Bühne.

Mosaika wächst

Die nächsten Mosaika-Jahre standen im Zeichen ständigen Wachstums. Es kamen immer neue Menschen und Angebote dazu. Mosaika ist zu einem wichtigen Ansprechpartner für die interkulturelle Arbeit nicht nur in Bischofswerda, sondern im ganzen Landkreis Bautzen geworden. Sogar internationale Kooperationen sind entstanden. Das Kinder-Musiktheater mit seinem Wintermärchen ist zu unserem Markenzeichen geworden. Jedes Jahr freuen sich die Kinder auf die Abenteuer von Mascha und dem Bären im Zauberwald und auf Väterchen Frost.

Mittlerweile sind aus anfänglich drei Lehrern und sieben Kindern 16 Mitarbeiter, die fast alle ehrenamtlich arbeiten, und circa 80 regelmäßig an den Kursen Teilnehmende im Alter von drei bis 75 Jahren geworden. Die Kursleiter kommen auch aus Dresden und Umgebung. Manche neue Kollegin oder Kollegen ist von sich aus bei uns aufgetaucht. Einfach weil sie unsere Werbung im Schaufenster gesehen haben oder ihre Kinder unsere Angebote besuchten. Fast jede/r neue Mitarbeiter oder Mitarbeiterin trägt sich irgendwann mit dem Gedanken, in die Oberlausitz zu ziehen. Nicht zuletzt wegen der familiären Atmosphäre im Team. Alle arbeiten mit Freude und Kreativität. Entscheidungen werden gemeinsam getroffen, und niemand wird von dem anderen kontrolliert. Jeder gibt vorbehaltlos sein Bestes für den gemeinsamen Erfolg.

Zu Mosaika gehören Pädagoginnen und Pädagogen, die Kindern ab drei Jahren die Grundlagen des Tanzes, der bildenden Kunst und des Gesangs beibringen. Ein Ingenieur leitet eine Technikgruppe, eine Erzieherin einen Teenie-Treff. Eine Arbeitsamtsberaterin im Ruhestand betreut eine Frauengruppe. Seien es Sport- oder Bastelangebote, wunderschöne Kostüme für das Musiktheater oder selbst komponierte Lieder – hinter jedem Bereich steht jemand mit voller Hingabe. Egal ob ehrenamtlich oder hauptberuflich. Ich bin mächtig stolz auf meine Mitstreiter!

Menschen aus verschiedenen Ländern, von Russland über Ungarn bis nach Italien, kommen in die kleine Stadt Bischofswerda. Integration geschieht nicht nur über die Teilnahme an den Freizeitangeboten, sondern in erste Linie über das aktive Einbringen von eigenen Kenntnissen und Talenten.

Was ist nun mit meiner Familie und dem Wunsch, »nur« ehrenamtlich und wenig zu arbeiten? Die Leitung einer großen Organisation fordert viel Zeit und Kraft. Ich initiiere und koordiniere Projekte, außerdem beantrage ich Fördermittel. Manchmal sind es bis zu 30 kleinere Projekte im Jahr. Bis 2019 musste ich mir noch mit Übersetzungen etwas dazuverdienen, um meine Abwesenheit von zu Hause zu rechtfertigen. Diese Umstellung in unserem Leben ist meinen Kindern nicht leichtgefallen. Sie mussten etwas selbständiger werden. Auch sie sind von Anfang an bei Mosaika aktiv. Die älteste Tochter arbeitet mittlerweile sogar mit. Sie korrigiert meine Texte und kümmert sich um die Pressearbeit. Viktor arbeitet nach wie vor als Tierarzt und hilft mir, sooft er kann, im Verein. Bedauerlich ist nur, dass sein Diplom auch nach 18 Jahren ununterbrochener Beschäftigung in Deutschland nicht anerkannt wird. Für die Anerkennung müsste er noch zwölf Prüfungen bestehen. Das kann ich nicht verstehen. Und er überlegt, seinen Beruf aufzugeben.

In den letzten fünf Jahren habe ich viel erlebt: von Misstrauen und übler Nachrede bis hin zu Erfolgen und Anerkennung. Den richtigen Durchbruch für den Verein und eine große Erleichterung brachte die Förderung durch die Richtlinie »Integrative Maßnahmen«, die unter anderem Personalkosten finanziert. Seitdem kann ich mich ganz auf die Vereinsarbeit konzentrieren und einige Aufgaben an neue Mitarbeiter delegieren. Darum bin ich wieder häufiger zu Hause, und das Leben normalisiert sich langsam. Schwierigkeiten bringe ich vor Gott im Gebet, und sie lösen sich jedes Mal auf wunderbare Weise. Die Vereinskollegen haben sich inzwischen an meine Art, Probleme zu lösen, gewöhnt. Selbst im Corona-Lockdown dachten sie, ob mein Gebet nach etwas Ruhe und Erholung wohl erhört worden sei.

Dresden mag ich nach wie vor. Jede Woche bin ich dort, um den Gottesdienst für die »russische« Gruppe simultan zu übersetzen. Und jedes Mal überbringe ich Grüße aus »Schiebock« und nehme wieder welche mit zurück.

Anmerkung

1 Schiebock ist der lokale Spitzname von Bischofswerda.

Maximilian Voigt vom FabLab in Cottbus

Offene Werkstätten
Im Cottbuser FabLab entstehen durch Maximilian Voigt, Martin Koll und viele andere Lösungen aus eigener Hand, aber auch Gemeinschaft

---

Die Geschichte des FabLab in Cottbus ist facettenreich – so wie die vielen Menschen, die es aufgebaut haben und bis heute tragen –, geprägt von großen Visionen und ganz alltäglichen Bedürfnissen. Aber die entziehen sich dem flüchtigen Blick von außen. Im ersten Moment ist das FabLab nur ein Raum, mit Maschinen und Werkzeugen, kreativ chaotisch, eben eine Werkstatt. Beim näheren Hinsehen, im Gespräch mit den Mitgliedern kommt das Besondere zum Vorschein: Hier geht es nicht nur um das gemeinsame Werken und Inspirieren, sondern um das Schaffen von neuen Strukturen, eine andere Art zu wirtschaften und um den Habitus des Machens: »Wir nehmen Veränderung selbst in die Hand!«

Damit ist das FabLab Cottbus Teil einer lokalen und internationalen Bewegung, die neue Wege jenseits ausgetretener Pfade findet. Sie nennen sich Makerspaces, Hackerspaces oder eben FabLabs (Fabrikationslabore) und verfolgen das gemeinsame Ziel, das Teilen von Infrastruktur und Wissen zum Leitbild eines auf Kooperation fokussierten Wirtschaftens zu machen. Diese in Deutschland auch als Offene Werkstätten bekannten Orte brechen mit der Auffassung, dass Ideen Eigentum einzelner Personen oder Unternehmen sind und dass das alltägliche Wissen über Technologie sich auf das Bedienen des Smartphones oder auf passiven Konsum beschränkt. Im Gegenteil sind wir der Auffassung, dass heute zahlreiche technische Kompetenzen nötig sind, um sich am demokratischen Geschehen oder der Mitgestaltung zukünftiger Entwicklungen beteiligen zu können.

Von der Klebepistole zum 3D-Druck

Doch der Reihe nach: Am Anfang stand Ron, ein Cottbuser Student, der sich 2013 mit seinem Interesse am 3D-Druck auf die Suche nach Gleichgesinnten machte. Ron Jacob hatte sich zum Ziel gesetzt, selbst einen solchen Drucker zu bauen. Im Kern schien es ja nicht schwer: eine Art computergesteuerte Klebepistole, die Stück für Stück Material aufeinanderspritzt. Schnell wurde er auf ein Projekt aufmerksam, das frei im Internet zur Verfügung stand: Der RepRap ist noch heute bekannt als ein erfolgreiches Open-Hardware-Projekt, das durch Offenlegung sämtlicher Software und Bauanleitungen auf der ganzen Welt den 3D-Druck revolutioniert hat. Durch Ron wurde ein kleiner Teil dieser Revolution nach Cottbus getragen. Aus einfachen Gewindestangen und Teilen, die günstig im nächstgelegenen Elektronikladen zu kaufen waren, konnte der Drucker nachgebaut werden. Die Spezialteile kamen aus einem anderen 3D-Drucker, der so bei der Reproduktion seinesgleichen half.

Die Geschichte hinter dem RepRap ist interessant, weil sie ein Paradebeispiel für die Kultur Offener Werkstätten ist. Eine Gruppe entwickelt einen Prototyp, veröffentlicht ihr Wissen, eine weitere nimmt sich der Weiterentwicklung an, teilt ihre Verbesserungen, und am Ende steht eine anspruchsvolle technische Grundstruktur, die sich in zahlreichen Communitys verbreitet, sie in ihrer Handlungsfähigkeit stärkt oder von Unternehmen in verschiedener Art und Weise kommerzialisiert wird. Diese auch als Open Source bekannte Kultur ist im Bereich der Software schon lange verbreitet und hat das Internet in seiner heutigen Ausführung erst möglich gemacht. Offene Werkstätten machen diese Kultur lokal und ganz physisch erlebbar. Auch steht neben spezifischer Software der Bereich der Hardware im Mittelpunkt, Low- wie Hightech.

Lernen als gemeinsames Machen

Diese Vision war neben dem ganz praktischen Bedürfnis, sich zum Thema 3D-Druck austauschen und eine gemeinschaftliche Werkstatt führen zu wollen, auch bei der Gründung des FabLab Cottbus eine wichtige Motivation. Auch die Möglichkeit, sich neben dem Studium praktisch zu betätigen und theoretisch Gelerntes experimentell zu ergründen, war eine der Gründungsideen der Werkstatt. Bei einem Ideenwettbewerb, der durch die Studierendenschaft der Brandenburgischen Technischen Universität (BTU) Cottbus-Senftenberg ausgelobt wurde, reichten Ron und eine inzwischen entstandene Gruppe aus Freunden das Konzept ein, das auf große Begeisterung stieß. Die Idee bekam den Zuschlag, und so konnte mit 14 500 Euro der Aufbau gestartet werden. Die Gruppe wuchs, und schnell kamen mehr als zehn Personen zusammen, die sich selbstorganisiert verschiedenen Aufgaben widmeten.

So begann das FabLab als studentische Initiative. Eine Eigenschaft der Gruppe war, dass zwar Ron den Prozess gestartet hatte, aber alle gleichberechtigt an der Entwicklung teilhaben sollten – eine wichtiges Merkmal Offener Werkstätten. Denn die Offenheit beschreibt hier nicht nur eine offene Tür für alle Interessierten oder den Fokus auf Open-Source-Technologien, sondern sie steht im Kern einer durchlässigen Struktur für Veränderung und Partizipation. Organisatorisch löste das die Gruppe durch die Gründung eines eigenständigen gemeinnützigen Vereins – auch um Fördergelder verwalten zu können.

Eine demokratische Werkstatt

Auf 80 Quadratmetern entstanden nun zwei voneinander getrennte Werkstattbereiche, in denen die Bearbeitung von Holz oder Metall sowie die Arbeit mit Elektronik, Textilien und der

3D-Druck möglich sind. Dem vorangegangen war ein demokratischer Prozess, in dem entschieden wurde, in welche Werkstattbereiche die Fördersumme investiert werden soll. Und entgegen der ersten Erwartung des Initiators war das Interesse an der Bearbeitung von Holz und eher traditionellen Handwerksbereichen stärker als am 3D-Druck. Mit viel Tatendrang und vereinten Kräften konnte die Werkstatt 2014 eröffnet werden, und die ersten Projekte gingen an den Start.

Das erste gemeinsame Vorhaben war der Bau einer autarken solarstrombetriebenen Fahrradpumpstation, die auf dem Campus öffentlich zugänglich gemacht werden sollte. Aus dem Gehäuse einer DDR-Kreissäge, einem alten Kleiderständer, Wellblech aus dem Kleingarten sowie Laderegler und Solarpanel entstand ein robuster Aufbau, den eine Künstlerin in Szene setzte. So verbanden sich vermeintlicher Schrott und Teile einer lokalen Identität mit moderner Technologie und künstlerischem Ausdruck zu einer Metapher für das Fahrradfahren, für die Gleichzeitigkeit von alten und neuen Ideen, den lokalen Verkehr zu gestalten.

Von Feuer und Begeisterung

Nun könnte das der Anfang einer großen Erfolgsgeschichte sein, die nach sieben Jahren in einer unabhängigen und erwachsen gewordenen Institution mündet. Aber neue Ideen brauchen Zeit – besonders in eher strukturschwachen Gegenden wie der Lausitz. Das musste auch unsere Gruppe feststellen. In großer Erwartung wurden Öffnungszeiten, Veranstaltungen und Workshops organisiert, die aber häufig nur schlecht besucht waren. Das FabLab war noch unbekannt und durch seinen Namen auch eher ein regionaler Fremdkörper als ein eingängiger Sehnsuchtsort. Denn die Gruppe wollte nicht nur Studierende erreichen, sondern ein Ort für ganz Cottbus und die Region sein, eine Schnittstelle zwischen Universität und Umgebung, ein Ort des Austausches von Wissen, des Experimentierens und der Selbstwirksamkeit – ein Ort des Mutes zur Veränderung.

Zwei Ereignisse verhalfen der Werkstatt zu mehr Bekanntheit: Zum einen geriet ausgerechnet die gerade entwickelte solarstrombetriebene Fahrradpumpstation, die eigentlich als positives Projektbeispiel herhalten sollte, nach einer Übernutzung in Schwelbrand. Bei einem Sommerfest waren Studierende auf die Idee gekommen, mit dem Gerät massenweise Luftballons aufzublasen. Mit dieser dauerhaften Last hatten die Entwickler und Entwicklerinnen nicht gerechnet. Ein Bauteil überhitze und schwelte vor sich hin. Der aufgeregte Hausmeister zerschnitt daraufhin sämtliche Kabel. Das bemerkten auch die Besucher und Besucherinnen des Festes, und die Werkstatt war in aller Munde.

Das FabLab wäre keine richtige Offene Werkstatt, wenn es diese vermeintlich negative Aufmerksamkeit nicht als positives Momentum genutzt hätte. Denn *Trial and Error* ist eine zentrale Praxis experimentellen Arbeitens. So entwickelte die Projektgruppe ausgeklügelte Sicherheitsmechanismen, um solche Ereignisse in Zukunft zu vermeiden, und stellte die Fahrradpumpstation zur Freude der inzwischen entstandenen Nutzergruppe wieder auf.

Zum anderen lockte das neu eröffnete Reparatur-Café immer mehr Menschen an. Jeden ersten Samstag im Monat öffnet die Werkstatt in der Absicht, Besucherinnen und Besuchern bei der Reparatur ihrer Geräte zu helfen. Senioren, Studierende, Familien – alle kommen mit ihren liebgewonnenen, aber defekten Gegenständen. Gemeinsam werden diese aufgeschraubt, untersucht und oft wieder funktionstüchtig zusammengesetzt. Die Besucher und Besucherinnen können so ihre ersten Reparaturerfahrungen sammeln und bekommen einen Einblick in die Möglichkeiten der Werkstatt.

Selbermachen macht unabhängig

Diese Form der Selbstermächtigung ist ein zentrales Potenzial für die derzeitigen Veränderungsprozesse in der Lausitz. Offene Werkstätten sind Keimzellen für neue Ideen und insbesondere Orte der Selbstermächtigung – ein Zusammenschluss, der gerade jetzt, im Jahr 2020, dringend benötigt wird. Dabei geht es erst einmal darum, sich von weichenden Strukturen – wie der Kohleindustrie – zu emanzipieren und eigene Wege zu finden. So entsteht eine resiliente Bürgerschaft, die weitgehend unabhängig von globalen Strukturen ist und ihre eigenen, lokalen Ressourcen erschließt. Eine so vernetzte Bürgerschaft hat ein großes Potenzial, neue Strukturen zu entwickeln, mit denen ganz anders auf Herausforderungen reagiert werden kann, als es zum Teil etablierte Institutionen in der Vergangenheit gezeigt haben.

Maker versus Virus

Besonders deutlich wurde dies im Zuge der Corona-Krise: Zahlreichen Krankenhäusern und Pflegeeinrichtungen fehlten im Frühjahr 2020 wichtige Hygienemittel, um ihre Mitarbeiter und Patienten ausreichend zu schützen. Während öffentliche Institutionen und Unternehmen innerhalb ihrer Strukturen noch nach Lösungen suchten, reagierten zivilgesellschaftliche Akteure in unglaublicher Geschwindigkeit. Das war insbesondere durch den Habitus des Machens und bereits bestehende Vernetzungen möglich.

Denn das FabLab Cottbus war nie nur diese einzelne Werkstatt, sondern stand von Beginn an im Austausch mit anderen Initiativen und Aktiven, insbesondere durch den überregional engagierten Verbund Offener Werkstätten. Dieser fördert den Wissensaustausch über die Werkstattgrenzen hinweg. Dieses

Gen der Vernetzung ist eine Kernkompetenz Offener Werkstätten und ihrer Communitys. Um so etwas auch auf Landesebene aufzubauen, schloss sich das FabLab Cottbus 2016 mit anderen Werkstätten in Lübbenau, Wildau und Potsdam zum »Netzwerk Offener Werkstätten Brandenburg« zusammen, welches schnell wuchs und inzwischen 13 Mitglieder hat. Ziele des Netzwerks sind die gemeinsame Artikulation von Interessen, das Bewerben der über ganz Brandenburg verteilten Werkstätten und die Förderung von neuen Orten.

Aus dieser lokalen wie internationalen Vernetzung entstanden zahlreiche dezentrale, ehrenamtlich organisierte Entwicklungs- und Produktionsstätten für Hilfsmittel im Zusammenhang mit der Corona-Krise. Denn ausgelöst durch zusammengebrochene Lieferketten und stillgelegte Fabriken in China kam es schnell zu Engpässen bei der Versorgung mit Schutzausrüstungen für Pflege- und Krankenhauspersonal. Während viele Firmen Kurzarbeit anmeldeten, sammelten sich Aktive aus und um die Offenen Werkstätten und überlegten, wie sie diese Notlage ausgleichen können. Über Ländergrenzen hinweg wurden nicht nur Mund-Nasen-Masken genäht, sondern auch Halter für Schutzvisiere entworfen, im 3D-Drucker produziert und weiterentwickelt. Gemeinsame Standards und Verteilstrukturen wurden etabliert, die zum Beispiel als »Maker versus Virus« bekannt wurden.

Aktive im Netzwerk Offener Werkstätten Brandenburg stellten fest, dass der Bedarf an Visieren schneller anstieg, als dass die Produktion mit dem 3D-Drucker ihn decken konnte. Um Abhilfe zu schaffen, wurden andere Produktionsverfahren, wie der Spritzguss, ins Auge gefasst. Über das Netzwerk und bestehende Kontakte zu Werkstätten sowie Firmen in Sachsen konnte innerhalb von zwei Wochen eine Spritzgussform entwickelt werden, mit der in einer ersten Charge 12 000 Visiere produziert und in ganz Brandenburg kostenfrei verteilt wurden. Insgesamt verteilten die Berlin-Brandenburger Werkstätten bis April 2020 mehr als 23 500 Visiere, wovon allein 4500 aus den 3D-Druckern stammten.

Dieses lösungsorientierte Handeln, die Infrastrukturen mittlerer Technologien – als welche Offene Werkstätten auch verstanden werden können –, die ein unabhängiges Experimentieren und lokal verortetes Wirtschaften ermöglichen, sind vielversprechende Visionen für einen durch die Bürgerschaft getragenen Strukturwandel in der Lausitz, zu dem das FabLab Cottbus aktiv beiträgt. Um das in Zukunft auch in einem breiteren Maße zu können, arbeitet die Werkstatt mit anderen Initiativen in Brandenburg und Sachsen am Ausbau ihrer Strukturen. Interessierte oder engagierte Menschen sind herzlich willkommen, sich daran zu beteiligen.

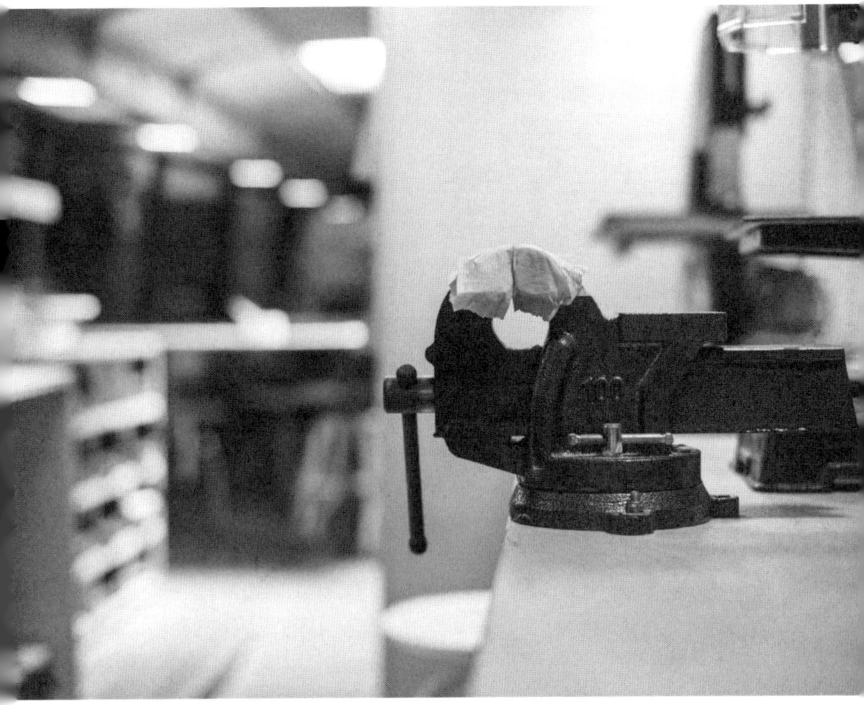

Anja Nixdorf-Munkwitz

Ein Korb voll Glück
Wie man Landschaft kulinarisch erfahren kann,
erzählt Anja Nixdorf-Munkwitz

Die Jahre mit dem immer wiederkehrenden Rhythmus der Jahreszeiten bieten eine Vielzahl von Genüssen und Spezialitäten. Frühling, Sommer, Herbst und Winter haben ganz unterschiedliche kulinarische Gesichter. Im Deutschen haben wir das so sprechende Wort Lebens-Mittel. Unsere Nahrung ist kein beliebiger Treibstoff, sondern sie kann köstliche Bereicherung unseres Lebens sein. Die Menschen, die diese Lebens-Mittel herstellen, sollten wir kennen und ihre Arbeit schätzen. Wer sich darauf einlässt, regional und saisonal zu kochen, wird mit vollem Geschmack und reicher Abwechslung belohnt. Kerbelsuppe weckt den März, und in vollreifen Tomaten schmeckt man den Sommer.

Mein Projekt »Ein Korb voll Glück« ist ein Herzensanliegen, das sich aus vielen Wurzeln speist. Das Leitmotiv ist Genuss. Ich möchte weg von der Supermarktbeliebigkeit des 365-Tage-Sortiments und hin zum authentischen, unverwechselbaren Geschmack der Landschaft – meiner Lausitz. Ich will diese in ihren Formen, Strukturen und Besonderheiten abwechslungsreiche und kleinteilige Kulturlandschaft zeigen. Von den »Fontane-Landschaften« der brandenburgischen Niederlausitz bis zu den sächsischen Mittelgebirgsformationen, die Caspar David Friedrich zu Meisterwerken der Romantik inspirierten.

Die Landschaften der Lausitz sind Ausdruck einer weit zurückreichenden Agrarkultur, die mit ihren Bewirtschaftungsformen die Region bis heute prägt. Ob das UNESCO-Biosphärenreservat »Oberlausitzer Heide- und Teichlandschaft« oder die alte Gärtnerstadt Zittau, Spuren der Land(schafts)nutzung sind in der Lausitz allgegenwärtig. Heute sind uns die drei großen Nutzungsformen Land-, Wald- und Teichwirtschaft oft nicht mehr bekannt, zumindest im Alltag nicht präsent. Diese Kulturlandschaften mit ihrer Geschichte und ihren Gesichtern sind faszinierend, und meine ganz persönliche Art, mich der Vielschichtigkeit zu nähern, ist das Lesen der Lausitz als essbare Landschaft. Gemüse vom heimischen Gärtner, (Bio-)Karpfen aus den Teichen, Wild aus den Wäldern oder Milch und Fleisch von den Bauernhöfen – was wir verzehren, kann uns mit der Landschaft nachhaltig verbinden. Es ist mir ein persönliches Anliegen, die Menschen in der Region zu unterstützen, die hervorragende Produkte herstellen und mit Liebe und Hingabe arbeiten. Ich möchte ihnen eine Plattform geben und ihre Geschichten erzählen.

Lausitz lesen lernen

Mein Vorhaben begann vor einigen Jahren, als ich gemeinsam mit meinem Mann ein altes Umgebindehaus auf dem Dorf erwarb. Auch wenn ich im ländlichen Raum aufgewachsen bin und vieles mir vertraut war, fühlte es sich doch wie eine Neuentdeckung an. Wie häufig bei persönlichen Projekten steht auch zum Beginn von »Ein Korb voll Glück« eine Neugierde nach (noch) nicht Bekanntem. In einer Stadt mit Wochenmarkt ist es leicht, sich den kulinarischen Ablauf des Jahres in sein Leben zu holen. Ich habe es immer sehr genossen, frische regionale Produkte von Erzeugern oder Händlern zu kaufen, und vermisste diesen Alltagsgenuss, als wir uns im Dorf eingerichtet hatten.

Doch auch hier fand ich in unmittelbarer Umgebung Regionales von bester Qualität. Eine Nachbarin bot frische Eier an. Ab dem Zeitpunkt führten mich meine Abendspaziergänge sehr oft zu ihrem Hof. Aus der ersten Neugierde wurden lange Gespräche. Ich erfuhr von dem Netzwerk »Nutztierarche« und dass ihre Schafherde einer bedrohten alten Nutztierrasse angehört, mit der sie als Nebenerwerbslandwirtin in der Landschaftspflege zur Offenhaltung wertvoller Magerrasenbiotope beiträgt. Wenn im Herbst geschlachtet wird, kann man bei ihr, wie bei vielen anderen Direktvermarktern, Fleisch bestellen, bei dessen Verzehr man sicher sein kann, dass diese Tiere artgerecht und gut gehalten wurden. Es ist jedoch eine ganz andere Art, sich zu versorgen. Einfach spontan eine kleine Menge erwerben ist nicht möglich. Man muss sich zu den Terminen abstimmen, den Jahresrhythmus beachten, mal etwas auf Vorrat abnehmen, einfrieren und sich rechtzeitig Gedanken machen, was man mit Fleisch machen möchte. Eine Art indirektes Engagement für die Region und den Naturschutz, Nachhaltigkeit und Dorferhalt stecken in solchen guten Lebensmitteln ganz nebenbei drin. Aber wer sieht das? Wer unterstützt kleine Betriebe, Direktvermarkter und Landwirte, die den größten Teil ihrer Zeit zwischen Acker und Stall teilen und zusätzlich noch hohen bürokratischen Anforderungen genügen müssen? Diese Arbeit und deren Wert sichtbar zu machen, das ist die Idee von »Ein Korb voll Glück«. Also begann ich, meine Erlebnisse und Erfahrungen zu teilen.

Ich setzte mich noch bewusster damit auseinander, wer in der Region Lebensmittel herstellt, und suchte mit diesen Menschen das Gespräch. Auf den Märkten habe ich gefragt, welche Produkte aus der bäuerlichen Urproduktion stammen, was zugekauft wird und wo die Waren noch angeboten werden. Die Vielfalt, die sich mir erschloss, war erstaunlich. Bauernhöfe, Ölmühle und Gärtnerei, Ziegenhof und Milchtankstelle, Imkerschule und Stiftung zum Erhalt alter, heimischer Obstsorten, Brauereien und Brennereien, Saftpressen und Bäckereien. Ich entdeckte unfassbaren Reichtum, der sich nur schätzen und fördern lässt, wenn man ihn kennt.

Ich bin das, was man wohl eine gebürtige Lausitzerin nennt. Dennoch oder gerade darum betrachte ich diesen strukturpolitischen Begriff mit einer gewissen Skepsis. Meiner ganz persönlichen Meinung nach gibt es »die Lausitz« nicht. Dieser Sammelbegriff bezeichnet eine Vielzahl unterschiedlicher Naturräume, Areale mit differenzierten binnenräumlichen Gegebenheiten, historischen oder geografischen Bezügen und einer Heterogenität von Selbst- und Fremdwahrnehmungen, regionalen oder lokalen Verwurzelungen. Gleichwohl dominiert der Begriff »Lausitz« seit Jahren, vorrangig als Defizitbeschreibung oder als allgemeine Metapher, den Diskurs über diese Transformationslandschaft. Ich finde es daher sinnvoll, sich diesen Begriff anzueignen und mit Leben zu erfüllen. Man könnte sagen, Lausitz ist, was wir daraus machen.

»Wenn wir wüssten, was wir alles wissen, wären wir unendlich reich«

Mit diesem Satz und einem Korb in der Hand startete ich schließlich mein Projekt, von dem ich zu Beginn noch nicht wusste, was daraus entstehen würde. Der Gedanke war so simpel wie weitgespannt – meine vielen positiven Erfahrungen und meine Begeisterung für regionale und saisonale Lebensmittel wollte ich professioneller aufbereiten, kommunizieren und teilen, um auch all das zu vermitteln, was für mich damit in enger Verbindung steht: einen offenen und freundlichen Stolz auf das Gute vor Ort, Nachhaltigkeit und fairen Genuss. Den besonderen Akteuren, Landwirten, Gärtnern, Imkern und Schäfern wollte ich Unterstützung anbieten und mich aktiv im ländlichen Raum einbringen. Mit dieser Vision habe ich als Vermittlerin, Netzwerkerin und Geschichtenerzählerin meine Arbeit aufgenommen und begann als Genießerin und Köchin die Lausitz neu zu erforschen. Man lernt von jedem Menschen, dem man begegnet. Die bäuerlichen Berufe sind uns heute vielfach fremd geworden, und viel traditionelles Wissen müssen wir uns neu aneignen.

Da mich manche Produzenten schon eine ganze Weile als interessierte Kundin kannten, bestand ein Grundvertrauen. Ich wollte wirklich wissen, wie die Arbeit mit der Natur auf ihrem Hof aussieht, und es war mir wichtig zu erfahren, was der Beruf ihnen bedeutet. Wie kann ich unterstützen, und was sollte den Kunden bekannt gemacht werden?

Mit diesem Impuls ging ich auf Menschen zu und begann zu fragen, zu lernen und die Zusammenhänge einzuordnen. Eine Facebook-Seite mit täglichen Nachrichten über Wochenmärkte und Hofverkäufe, Adressen und Hinweisen zu Spezialitäten ergänzte ich bald durch einen Blog. Ich teilte Ideen und Rezepte, beantwortete Fragen und gab Hinweise. Ich spürte schnell ein großes Interesse; gleichzeitig taten sich viele Baustellen auf. Was bereitet man aus Mangold zu, und wo bekommt man frisch gemahlenes Mehl her? Warum gibt es im Herbst keinen Ziegenkäse mehr? Weshalb kosten die Tomatenpflanzen mehr als im Baumarkt? Wer für Weihnachten Geflügel aus regionaler bäuerlicher Haltung möchte, sollte jetzt verbindlich bestellen! Milch und Honig kann man an »Kassen des Vertrauens« erwerben, aber leider kann die Frischmilch nicht einfach in der Abokiste mitgeschickt werden – diese und viele weitere Fragen füllten bald einen großen Raum in meinem Alltag. Digital wie analog war ich zu einer Art »Körbchen-Botschafterin« geworden, wie es eine Leserin ausdrückte. Ich begann, Porträts über Menschen zu schreiben, die in der Region hochwertige Lebensmittel herstellen und damit einen Beitrag zur nachhaltigen Entwicklung der Lausitz leisten. Eine Karte zeigte Orte und Akteure, saisonale Rezepte gaben konkrete Anregungen, was man mit den Grundzutaten machen kann, die einem die Jahreszeit schenkt. Kurz nach dem Start war mein Vorhaben schon über einen Foodblog hinausgewachsen, aber das sollte sich erst als der Auftakt zu einer vielschichtigen Arbeit erweisen.

Konkret werden – digital braucht analog

Jedes Vorhaben, das man langfristig mit Liebe und Leidenschaft betreibt, entwickelt rasch eine Form von Eigendynamik, so auch mein »Körbchen«. Während ich noch mit dem Aufbau digitaler Unterstützungs- und Vernetzungsinitiativen beschäftigt war, wurde mir der ganz praktische Bedarf klarer. Wäre es nicht interessant, praktisch zu zeigen, wie einfach es ist, regionale Produkte zu verarbeiten? Mit dieser Frage begann eine Serie von Kochkursen, denn gerade weil ich kein Profi bin, war es einfach zu vermitteln, dass regionale und saisonale Küche alltags- und familientauglich sein kann und nicht viel kosten muss. Meinerseits durfte ich viel von den Gästen lernen, die alle eigene Geschichten, Ideen und andere Blicke auf die Region mitbrachten, neugierig und aufgeschlossen waren.

Häufig stellt man mir die Frage, was genau zu tun ist, wenn man Regionalität unterstützen möchte, und wo die Herausforderungen liegen. Die meisten Menschen beschäftigen sich nicht unbedingt mit den Themen und kennen daher die Probleme nicht. Regionalität ist zwar einer der großen Trends der vergangenen Jahre, aber es mangelt an Transparenz und Informationen für interessierte Menschen. Welche Herausforderungen müssen von den Produzenten und Händlern gelöst werden, um den Verbrauchern frische und regionale Produkte zur Verfügung zu stellen? NGOs wie Slow Food, Bundesverband der Regionalbewegungen und Greenpeace fordern eine Re-Regionalisierung der Lebensmittelproduktion. Das Sächsische Staatsministerium für Energie, Klimaschutz, Umwelt und Landwirtschaft plant die Einrichtung einer Agentur für nachhaltige Versorgung und Produktion. Im Zuge des Lausitz-Strukturprozesses wird intensiv über Nachhaltigkeit in Forstwirtschaft, Landwirtschaft und Teichwirtschaft diskutiert. Bauern und Erzeuger sind mit Preisdruck, hohen bürokratischen Auflagen und schwindender Akzeptanz konfrontiert. Wie sieht die Situation jenseits der großen Schlagzeilen ganz konkret in der Lausitz aus? Um ins Gespräch zu kommen und mehr zu erfahren, muss man wiederum persönliche Kontakte suchen, auf Augenhöhe und mit Interesse für die Chancen und Herausforderungen der Potenziale in der Lausitz kommunizieren.

Manche Ideen entstehen durch gemeinsame Arbeit und das genaue Zuhören. Jedes Jahr wird auf den Märkten gefragt, warum die Tomatenpflanzen beim Zittauer Biogärtner teurer sind als die aus dem Baumarkt nebenan. Ich weiß inzwischen, warum. Die Gärtnerei hat 30 Sorten, gewinnt Samen von den voll ausgereiften Früchten selbst und zieht jede einzelne Pflanze, pikiert und topft mehrfach um, verzichtet auf aggressiven Pflanzenschutz, und all das passiert in Handarbeit. So entstehen widerstandsfähige Pflanzen, die zudem über viele »Generationen« an Boden und Mikroklima der Region angepasst sind. Im Blog und in den sozialen Medien eine wunderbare, recht einfach zu vermittelnde Geschichte. Aber nicht jeder Marktbesucher schaut online nach. Zudem sind da noch viele andere, praktische Fragen: Welchen Standort sollte ich wählen, und wie werden die Früchte aussehen, wie ist der Geschmack der Sorte, und wann tragen sie? Rückblickend werden die Gärtner wohl zugeben, dass sie meinen Enthusiasmus etwas skeptisch betrachtet haben. Aber ich schlug vor, einen Pflanzenkatalog mit allen in der Gärtnerei angebotenen Sorten aufzubauen: Bilder, Beschreibungen und Hinweise zu Pflege und Ernte. Das Ganze als Blogbeitrag, für die Internetseite der Gärtnerei und natürlich auch als laminiertes Ansichtsmaterial für die Märkte. Die kleine Aktion begleitete uns schließlich zwei Sommer: Material sammeln, immer wieder über die Sortenzuordnung und die Merkmale sprechen, dafür verbrachte ich viel Zeit im Folientunnel bei 40 Grad Celsius oder auch am Schreibtisch. Entstanden ist der »Tomatensteckbrief«, den man unter https://ein-korb-voll-glueck.de/russische-reisetomate-und-berner-rose-alles-echte-oberlausitzer/ findet.

Regionalität kann man essen

Eine Chance, mit der ich wirklich nicht gerechnet hatte, gab mir das Netzwerk der Raumpioniere, die Menschen aus urbanen Zentren von der Schönheit und dem Charme der Lausitz überzeugen möchten (siehe Beitrag von Arielle Kohlschmidt und Jan Hufenbach ab Seite 101 in diesem Band). Wie nutzt man Produkte, um diese guten Seiten sichtbar, erlebbar zu machen? Mit welchem Konzept kann das gelingen, und wie bindet man die Produzenten ein, ohne ihre Kapazitäten zu überfordern? Teamwork ist alles, dachte ich mir und sprach mit einem regionalen Familienbetrieb, der auch Catering für Veranstaltungen anbietet. Als Einzelkämpferin, dazu in einem recht fordernden Hauptberuf gut ausgelastet, kann ich nicht einfach bei einer Veranstaltung mit 150 Personen ein gelungenes kulinarisches Erlebnis aufs Buffet bringen. Aber was ich kann, ist ein Konzept entwickeln, die Produzenten einbeziehen, die Rezepte und Speisenfolge erstellen, die Zutaten auswählen, auf den Punkt genau an die ausgewählten Kooperationspartner liefern und den Gästen des Events die köstliche, nachhaltige Lausitz unmittelbar nahebringen. Dass ich für diese Aufgabe von den Raumpionieren angesprochen wurde, empfinde ich als großen Glücksfall, und die Reaktionen der zufriedenen Gäste zeigten, dass man es wagen darf, die Lausitz zu zelebrieren. Hafer statt Reis, Salat frisch vom Feld und Fleisch nur von Schafen aus Weidehaltung, diese Ideen und deren Umsetzung überzeugten so, dass weitere Anfragen nach Konzepten, Veranstaltungen und deren Organisation folgten.

Dass die Qualität und Professionalität stimmen müssen, ist selbstverständlich. Aber damit ist es nicht getan, denn vor allem geht es um Kommunikation und Überzeugungsarbeit. Wertschätzung drückt sich auch in den Preisen aus, die man den Herstellern und Verarbeitern zu zahlen bereit ist. Nicht zuletzt die Akteure der öffentlichen Hand sind sich ihrer Vorbildfunktion nicht immer bewusst oder verfügen nicht über die Spielräume, um Nachhaltigkeit in den eigenen Veranstaltungen umzusetzen.

Erwartungen und Voraussetzungen zusammenführen, Ideen präsentieren und Möglichkeiten finden, diese Aufgaben sind nicht finanziell abgebildet. Aus diesem Grunde engagiere ich mich als Botschafterin für regionalen Genuss. Wertschätzung für Wertschöpfung ist ein wichtiges Thema, für das Überzeugungsarbeit und praktische Unterstützung geleistet werden kann und muss. Ob Vorträge über Schafhaltung in der Lausitz (kurz vor dem Servieren der im Bild gezeigten Schafe) oder über dem offenen Feuer gegrillte Ziege – die Ideen, Menschen zu begeistern, gehen einem nicht aus, wenn man das Thema als Herzensprojekt vorantreibt.

Story-Teller – Essens-Heimat(en)

Regionaler Genuss hat Potenzial! Meine Rolle wird es zunehmend sein, die Vertretung derer wahrzunehmen, die nicht im Einzelnen angesprochen werden und denen die Zeit fehlt, sich in Projekte und Abstimmungen einzubringen. Aus ersten Ideen entstehen konkrete Projekte, deren Umsetzung mit einfachen Mitteln und ehrenamtlicher Arbeit zu realisieren ist. In einem Regionalregal werden Produkte vorgestellt, Kampagnen in den sozialen Medien vermitteln einen positiven Blick auf noch nicht Bekanntes und geben Produzenten und Direktvermarktern eine Plattform. Messen und Feste werden mit Aktionen und Präsentationen bespielt, und für Gäste der Region werden nicht mehr Standardgeschenke, sondern regionale Spezialitäten ausgewählt. Es ist faszinierend zu beobachten, wie aus Graswurzelprojekten, die anfangs auch belächelt werden, nach und nach ernstgenommene Partnerschaften werden, die helfen, eine Region voranzubringen.

Die Lausitz war und ist ein europäischer Transitraum, ein territoriales Parallelogramm, gespannt zwischen Berlin, Wrocław, Dresden und Prag. Schon immer war die Region von den Einflüssen ganz unterschiedlicher Menschen geprägt, die hierherkamen, ansässig wurden und ihre Traditionen mit denen anderer mischten. Gemeinsam ist allen Küchentraditionen, dass man mit dem arbeitet, was die Kulturlandschaft hervorbringt. Für die – leider aufgrund der Corona-Situation abgesagte – Integrationsmesse des Landkreises Görlitz wollte ich diese Tradition weiterspinnen: mit heimischen Zutaten kochen, was Menschen lieben, die heute in der Lausitz leben, egal woher die Ideen und Rezepte ursprünglich kommen. Wunderbare Projekte wie (Kinder-)Kochschulen, Streuobstwieseninitiativen, Solidarische Landwirtschaft – auch als Modellvorhaben für die Gastronomie – bereichern die Region und zeigen, dass es beim Anbauen, Kochen, Essen und Genießen eben nicht nur um Ernährung geht, sondern um Kulturtechniken. Die Macher und Akteure zu unterstützen, zu vernetzen und darüber zu berichten, ein bisschen vorzuleben, was hier geht, das ist meine Idee.

Das Jahr schließt mit dem Herbst, in dem immer schon das kommende Jahr begründet liegt. Im Herbst 2020 werden einige weitere Grundsteine für die Zukunft gelegt. Gemeinsam mit meinen »Slow Foodis« engagiere ich mich im Vorstand von Slow Food Lausitz für das Thema alte, regionale Obstsorten. Biodiversität und Genreserve an Nutzpflanzenvielfalt sind wichtige Themen, die auch und gerade in Zeiten sich wandelnder klimatischer Verhältnisse an Bedeutung gewinnen. Zum zehnjährigen Bestehen des Conviviums[1] werden wir Bäumchen des Lausitzer Nelkenapfels und der Muskatrenette an gemeinnützige Initiativen und Projekte verschenken und ein größeres und längerfristiges Streuobstwiesenprojekt einer Gemeinde begleiten. Ich hatte mir gewünscht, dass ich das regional gesammelte Wissen und die hervorragende Arbeit der Oberlausitz Stiftung, die bereits fast alle regionalen Sorten gesammelt hat, unterstützen und Menschen gewinnen kann, die dieses Wissen nutzen und mit ihren Mitteln Erhalt von Vielfalt fördern können. Es freut mich besonders, dass ich hier als Netzwerkerin Stiftung und Gemeinde zusammenbringen konnte und bald 70 Bäumchen einem Dorf ein neues, aber eben auch wieder traditionelles Gesicht geben werden. Ein Schulgarten wird folgen. Im Rahmen des Lausitz-Dialogs der Zukunftswerkstatt engagiere ich mich als Autorin, damit sich in der »Entwicklungsstrategie 2050« auch Impulse aus der eigenen Landschaft wiederfinden.

Weil mein Anliegen, dieses »Körbchen«, ein persönliches Herzensprojekt ist, möchte ich zum Jahresende 2020 in meiner Stadt Zittau möglichst viele Menschen erreichen. Daher habe ich die »Marktschwärmerei« eröffnet, die es Berufstätigen, die nicht auf den Wochenmarkt oder in die vielen kleinen Hofläden gehen können, ermöglichen wird, regional, saisonal, nachhaltig und fair zu genießen. Online trifft analog, eine Idee wird ganz praktisch umgesetzt, und dadurch entsteht zugleich die Brücke zu einem innovativen, überregionalen Netzwerk. Als Gastgeberin stelle ich einen regionalen Abendmarkt zusammen, der alle Waren des täglichen Bedarfs, Gemüse, Brot, Molkereiprodukte, Honig, Wein, Nudeln oder Spezialitäten, enthält. Auf der Plattform bestellen die Kunden und holen zum festgesetzten Zeitpunkt ihre Bestellungen ab. Die Händler bringen nur die bestellten Produkte mit, nichts wird verschwendet, und bezahlt wird online im Hintergrund. Einfach, schnell, praktisch. Ich bin gespannt, wie es angenommen werden wird. Aus der Marktschwärmerei soll auch eine Projektwerkstatt werden, die sich den praktischen Herausforderungen widmet und in der an neuen Lösungen für Händler, Produzenten und Kunden gearbeitet wird.

In Zukunft möchte ich die vielen Menschen, die jetzt mit ihren landwirtschaftlichen Betrieben oder als einzelne Akteure im Netzwerk eingebunden sind, in der RegioApp des Bundesverbandes der Regionalbewegung abbilden. Auch hier soll etwas genutzt werden, was bereits sehr gut funktioniert und die Lausitz in engen Austausch mit anderen Regionen bringt. Um Gäste und Touristiker von den Qualitäten vor Ort zu überzeugen, ist gemeinsam mit einem Hotel eine Reihe zu regionalen Spezialitäten in Planung.

Der Korb voll Glück füllt sich. Wenn es mir damit gelingt, etwas für eine bessere Selbstwahrnehmung der Lausitzerinnen und Lausitzer zu tun und auch den Blick von außen auf neue, noch wenig bekannte Facetten zu lenken, dann erfüllt mein Engagement seinen Zweck. Für mich ist es eine bereichernde Erfahrung, dass ich im ländlichen Raum mit Ideen, Ausdauer und Offenheit viel bewegen kann. In der Oberlausitz kann man sich Ruhe und Abwechslung, Natur und Stadt, Land und Leute gleichermaßen ins Leben holen. Vielleicht ein »Ende der Welt«, wie manche behaupten, aber mit Sicherheit eines der schönsten Enden der Welt.

Anmerkung

1   Als Convivium werden die Regionalgruppen von Slow Food bezeichnet.

Franziska Schubert und Annett Jagiela

Strukturwandel von unten
Franziska Schubert und Annett Jagiela
machen Politik in der Oberlausitz

Frauenabende

»Ein Frauenempfang? Warum das denn?«

»Nur für Frauen? Was habt ihr denn gegen Männer?«

Als wir im Mai 2019 einen Frauenempfang in Görlitz, der Europastadt an der polnischen Grenze, organisierten, war das für viele Männer und Frauen irritierend. Franziska war damals Oberbürgermeister-Kandidatin für Görlitz, Annett leitete die Wahlkampagne. Beide machen nach wie vor bündnisgrüne Politik in Sachsen.

Wir wussten nicht, wie dieser Empfang angenommen werden würde. Es sollte kein klassischer Wahlkampfabend werden, wo sich Franziska frontal vor die Menschen stellt und ihre Wahrheiten erzählt, alle zuhören und ein paar Fragen stellen können. Wir wollten miteinander reden, einander kennenlernen und uns austauschen, denn wir glauben daran, dass Entscheidungen dann gut werden, wenn unterschiedliche Blickwinkel einfließen dürfen. Moderne Politik verstehen wir als Zuhören und Zusammenführen.

Es kamen circa 40 Frauen, die wir vorher nie gesehen hatten, Frauen unterschiedlichen Alters, mit unterschiedlichen Berufen und Bildungswegen, Zugezogene, Rückkehrerinnen und Dagebliebene. Sie saßen in kleinen Gruppen zusammen und unterhielten sich über die Frage: Worauf bist du stolz?

Das anfangs zaghafte Murmeln wurde immer lauter. Es wurde viel gelacht, gestaunt und konzentriert zugehört. Die Frauen schrieben ihre Antworten auf kleine Kärtchen, und eine nach der anderen stellte sich vor die Gruppe und erzählte ihre

Geschichte. Sie hatten sich scheiden lassen und ein neues Leben begonnen, sich beruflich neu orientiert und neue Ziele gesetzt, allein die Kinder großgezogen. Sie haben Banken von ihren Geschäftsideen überzeugt, Schulen mitgegründet und aufgebaut. Sie haben nach dem politischen Umbruch 1989/90 ihren Arbeitsplatz verloren und gelernt, mit wenig Geld auszukommen. Sie haben Umschulungen absolviert, die Woche über ohne Ehemann gelebt und die Familie organisiert, weil die Männer »im Westen« arbeiteten. Eine Frau war stolz darauf, ein Restaurant gerettet zu haben und somit mehrere Arbeitsplätze. Einige Frauen erzählten, wie stolz sie auf ihre meist schon erwachsenen Kinder seien. Eine andere Frau hatte viele Jahre in Polen gelebt, die Sprache gelernt und dort gearbeitet. Viele Frauen berichteten stolz von ihren Ehrenämtern. Die meisten mussten die Stadt Görlitz nicht verlassen und waren froh, bleiben zu können. Sie haben Vereine aufgebaut, sich immer wieder weitergebildet, viel Geld für Projekte gesammelt, Menschen gepflegt.

Jede Geschichte wurde konzentriert angehört, und oft wurde geklatscht. Jede Geschichte hatte ihre Berechtigung – genau so, wie sie erlebt und erinnert wurde. Jede Geschichte hatte ihren Platz, ohne diskutiert, bewertet und beurteilt zu werden. Es ging nicht darum, ob eine Entscheidung gut oder schlecht für die Frau, den Mann oder die Kinder war. Wichtig war, dass die Frau eine Entscheidung getroffen hatte, mit der sie selbstbestimmt und glücklich weiterleben konnte. Dieser Abend war sehr berührend. Zwischen uns entstand Nähe, Zutrauen und Vertrauen.

Wir erinnern uns gern an diesen Abend – wie viele andere Frauen in Görlitz auch. Danach haben wir weitere Veranstaltungen für Frauen organisiert: konkret zum politischen Umbruch und zur Nachwendezeit, sowie einen Neujahrsempfang, bei dem es darum ging, Ideen für die Stadt zu entwickeln und Frauen zu vernetzen. Einige Frauen sind seit Mai 2019 Freundinnen geworden, treffen sich bei Demos oder in Vereinen. Die Veranstaltungen haben Frauen zusammengebracht und einige auch politisiert. Sie haben eine Kraft entstehen lassen, die heute immer wieder reaktiviert werden kann. Und: Sie werden sichtbarer. Und genau das braucht es.

Der Alltag und das Leben findet mit, aber auch ohne die Politik statt. Doch Politik ist nur mit den Menschen zu machen, und dafür braucht es Begegnungen, Vertrauen und Nähe.

Unseren Platz beanspruchen und sichtbarer werden

Wir sind beide Rückkehrerinnen und gehören zur sogenannten Dritten Generation Ostdeutschland. Das heißt, wir sind in zwei politischen Systemen sozialisiert, wurden von zwei politischen Systemen geprägt. Nach der Schule hat es uns in die Welt gezogen. Studiert, gelebt und gearbeitet haben wir in den Vereinigten Staaten, in Ungarn und Tschechien, bevor wir wieder in unsere Heimat, in die Oberlausitz, zurückgekehrt sind. Wir haben in verschiedenen Branchen gearbeitet, waren angestellt und selbständig. Wir beide haben bei unserer Rückkehr eine Chance bekommen, uns engagieren und später auch politisch einbringen zu dürfen. Es war wichtig, dass wir Menschen getroffen haben, die uns signalisierten: »Dein Engagement ist gewollt und notwendig. Zeig uns, was du woanders gelernt hast. Zeig uns, wie wir es für unsere Region nutzen können. Bring dich ein.« Ohne diese Unterstützung und diesen Zuspruch wären wir wahrscheinlich nicht geblieben. Franziska hat das durch die Bürgermeisterin ihrer Heimatstadt erfahren; Annett durch den Oberlausitzer Bürgerrechtler Thomas Pilz.

Zurzeit sind Frauen in den kommunalpolitischen Entscheidungsgremien im Landkreis Görlitz unterrepräsentiert – wie eigentlich auch auf allen anderen politischen Ebenen Sachsens. So haben nur elf der 53 Gemeinden im Landkreis Görlitz eine Frau als Bürgermeisterin. Dieses Ungleichgewicht zeigt sich auch bei den Stadträt:innen der Mittel- und Kleinstädte. In Görlitz gibt es sechs Stadträtinnen von insgesamt 38 gewählten Vertreter:innen; in Zittau fünf Stadträtinnen von 26, in Weißwasser vier Stadträtinnen von 21. Im Kreistag machen 14 Frauen Politik für den Landkreis von insgesamt 86 gewählten Kreisrät:innen. An den vorbereitenden Abstimmungs- und Entscheidungsrunden zum Strukturwandel waren Frauen ebenso in der Minderheit. In der sogenannten Kohlekommission gab es 31 stimmberechtigte Mitglieder. Zehn davon waren Frauen. In der Wirtschaftsregion Lausitz GmbH sitzen 2020 im Aufsichtsrat, im Gesellschafterrat und in der Geschäftsführung 25 Personen – nur drei davon sind Frauen.

Frauen nehmen nicht gleichberechtigt an politischen Entscheidungsprozessen hier im Landkreis Görlitz teil. Sie gestalten nicht gleichberechtigt mit. Unsere Aufgabe sehen wir darin, ein Bewusstsein für diese Schieflage zu schaffen, Frauen zu vernetzen und sie zu empowern. Wir bilden Banden. Wir möchten Frauen ermutigen, ihren Gedanken, Entscheidungen und ihrer Stimme zu vertrauen und sich in den politischen, öffentlichen Dialog einzubringen, weil politische Entscheidungen sie und ihren Alltag betreffen; in all seiner Unterschiedlichkeit – sei es in den Sozialen Medien, der Presse oder auch als Kandidatinnen für politische Mandate. Wir ermuntern sie, im Stadt- und Kreistag Fragen zu stellen, Briefe zu schreiben, an Mentoring-Programmen teilzunehmen, und laden sie ein, die institutionellen Abläufe vor Ort kennenzulernen.

Wir führen viele Gespräche und unterstützen Netzwerke wie das »Frauen.Wahl.Lokal Oberlausitz« und »F wie Kraft«. Diese beiden Netzwerke machen die Wirksamkeit von Frauen und oft diese selbst überhaupt erst sichtbar. In ihrer Studie vom Mai 2020 »Frauen als Wirtschaftsfaktor für die Lausitz. Perspektiven von Frauen auf den Strukturwandel in der Lausitz« weist »F wie Kraft« darauf hin, dass Frauen in der Lausitz nicht nur in der Politik, sondern auch in den traditionellen Schwerpunktbranchen der Region mit überdurchschnittlicher Entlohnung unterrepräsentiert sind, das heißt im Bergbau, in der Energiewirtschaft und im Fahrzeugbau ebenso wie auf den Führungsebenen von Industrie, Gewerbe, aber auch in der öffentlichen Verwaltung. In unterdurchschnittlich bezahlten Branchen und auf Arbeitsplätzen unterhalb der Führungsebene sind Frauen hingegen überrepräsentiert. In den nächsten Jahren wird es insbesondere in den derzeitigen Schwerpunktbranchen zu massiven Veränderungen kommen, das heißt: Die männerdominierten Berufsfelder stehen unter Druck. Hier wird nach Ersatz gesucht. Dabei ist klar, dass es einen Eins-zu-eins-Ersatz nicht geben wird. Der industrielle Wandel, die Arbeitsmarktdifferenzierung, die sinkende Bevölkerungsdichte in der Oberlausitz und das Bedürfnis nach Lebensqualität – all das stellt kommunale Entscheidungsträger:innen vor große Herausforderungen.

Es braucht Kraft und Zusammenstehen, damit insbesondere Frauen gefragt und gehört werden, denn es sind Frauen, die Veränderungsprozesse und regionale Entwicklungen hier in der Lausitz bereits übergreifend denken sowie sinnvolle und kreative Projekte »angestiftet« haben.

So haben zum Beispiel Arielle Kohlschmidt und Jan Hufenbach die »Raumpionierstation Oberlausitz« ins Leben gerufen (siehe den Beitrag ab Seite 101 in diesem Band). Sie beraten Städter:innen, die sich für ein Leben auf dem Land interessieren – und versuchen so, dem demografischen Wandel als auch dem Leerstand entgegenzuwirken. Zudem vernetzen sie Menschen und bescheren der Oberlausitz überregionale Aufmerksamkeit. Ein Interview mit Arielle und Jan bei *Spiegel Online* wurde im Sommer 2020 eine halbe Million Mal gelesen.

Die Oberbürgermeisterkandidatin für Hoyerswerda 2020, die Architektin Dorit Baumeister, hat die Schrumpfung ihrer Stadt von fast 72 000 auf heute circa 33 000 Einwohner:innen mit diversen Kunstaktionen begleitet, um zu zeigen, dass Schrumpfung nicht nur Abriss und Entsorgung, sondern auch Abschied, Trauer und Neuanfang bedeutet. Es geht eben nicht nur um

Häuser und Jobs, sondern auch darum, wie wir miteinander umgehen.

Ute Wunderlich gründete vor vielen Jahren die Freie Schule »Schkola« in Neugersdorf. Die Schule fördert wie keine andere in der Region Begegnungen mit Kindern aus den Nachbarländern Tschechien und Polen. So wachsen alle Kinder mit den Sprachen Tschechisch und Polnisch auf – und »Schkola« verbindet Schule mit interkultureller Bildung.

Oder das Projekt von Anja Nixdorf-Munkwitz »Ein Korb voll Glück« aus Zittau (siehe den Beitrag ab Seite 191 in diesem Band). Einerseits geht es bei dem Projekt um regionales und saisonales Essen. Andererseits vernetzt sie regionale Erzeuger:innen, Hotels, Restaurants und Verbraucher:innen. Sie macht aufmerksam auf das, was hier wächst und produziert wird.

Diana Mehmel und Antje Schulz gründeten den Trude e.V. – einen Verein gegen sexualisierte Gewalt an Kindern und für sexuelle Selbstbestimmung in einer Region, in der die Strukturen für Frauenschutz über Jahre marginalisiert wurden. Sie machen das Thema sichtbar und schaffen einen Anlaufpunkt.

Oder die Rückkehrerin Fanny Bracke. Als selbständige Designerin hat sie sich in Reichenbach niedergelassen und eine Intarsienmanufaktur eröffnet. Ihre Werkstücke verkauft sie über ihren Onlineshop.

Es gibt viele weitere Beispiele. Frauen sollten viel öfter direkt angesprochen werden, um sie in den Strukturwandel einzubeziehen, denn sie wissen bereits, wie Veränderung gestaltet werden kann.

Besonders deprimierend sind Veranstaltungen, bei denen nur Männer auf dem Podium sitzen. Diese »all-male panels« wirken wie aus der Zeit gefallen und sind doch spiegelbildlich für das Bewusstsein männlich geprägter Entscheidungsstrukturen in der Region Oberlausitz. Wir bekommen dann oft zu hören: »Wir gehen nach Kompetenz«, oder: »Wir haben keine geeigneten Frauen finden können«, oder: »Die wollen das nicht – am Abend noch auf dem Podium sitzen.« Namhafte und meinungsbildende Akteure wie die Industrie- und Handelskammer Görlitz und Zittau, die Hochschule Zittau/Görlitz, die Handwerkskammer Dresden oder Saxony5[1] organisierten solche Gesprächsrunden – die ausschließlich mit Männern besetzt waren. Darauf wollen wir Organisator:innen und Teilnehmer:innen der Veranstaltungen aufmerksam machen. Wir fragen sie, ob sie ihren Töchtern signalisieren wollen, dass nur Männer Gespräche über Wirtschaft, Technik und Politik führen können? Und welche Signale die Bilder über die Veranstaltung in den Sozialen Medien über diese Region aussenden? Wie wollen wir mit solchen Bildern junge Frauen anziehen? Die Ansprache an Frauen, um sie in die Region zu holen, ist von Grund auf falsch. Sie wird meist zurückgeführt auf die biologische Fähigkeit, Kinder zu kriegen. Dieser Nutzenaspekt ist unangemessen und er ignoriert Fähigkeiten, Fertigkeiten und Kompetenzen der Frauen, die für die Regionalentwicklung, die regionale Wirtschaft und das soziale Gefüge wertvoll sein können. So entsteht doch der Eindruck, dass Frauen, die sich einmischen und den Mund aufmachen, in dieser Region nicht gewollt sind, und das ist deprimierend. Wir bieten an, in unseren Netzwerken nach Referentinnen zu schauen. Zu selten wird die Hilfe angenommen.

Es kostet Kraft, immer wieder unseren Platz zu beanspruchen, dafür zu sorgen, dass wir als Frauen gleichberechtigt gehört werden. Dieses Immer-wieder-darauf-Hinweisen, dass Frauen fehlen, das In-den-Konflikt-Gehen kostet Kraft. Kraft, die uns für andere Dinge fehlt. Wir werden trotzdem weiterhin darauf aufmerksam machen, dass weibliche Perspektiven beim Lausitzer Strukturwandel nicht ausreichend gehört und einbezogen werden – es aber notwendig ist.

Übergänge aushalten und gestalten

Wir kommen aus einer Handwerksfamilie und einer Arbeiterfamilie. Nach dem politischen Umbruch haben wir in den 1990er-Jahren erlebt, wie sehr sich unsere Eltern anstrengen mussten, um »den Hintern an die Wand zu bekommen«. Die anfängliche Aufregung, die Neugier und Aufbruchstimmung wichen schnell einer Anspannung und Sorge, es irgendwie und irgendwas zu schaffen: das eigene Handwerk retten, die Miete zahlen oder das Haus halten, Kredite bedienen und den Kindern etwas bieten. Die Veränderungen kamen schnell. Für viele Menschen von heute auf morgen. Stabilitäten brachen weg. Damals hatte niemand 18 Jahre Zeit, sich darauf einzustellen. Altes war plötzlich nicht mehr wichtig, ungültig, nichts mehr wert. Unsere Eltern haben ihre Arbeitsstellen selbst abgewickelt, nach verschleppten Insolvenzen der neuen Arbeitgeber monatelang kein Einkommen gehabt, Umschulungen gemacht, die sie sich selbst nicht ausgesucht und auf die sie auch keine Lust hatten. Wir haben erlebt, wie die Mutter während der Woche allein zu Hause war, sich um die Fleischerei und die Kinder kümmerte, weil der Vater »in den Westen« pendelte.

Während unsere Eltern versuchten, sich neu zu orientieren und ihr Leben wieder in den Griff zu bekommen, wuchsen wir in eine Welt hinein, die sich dramatisch veränderte. Die Europäische Union und die NATO erfuhren eine stärkere Integration und Erweiterung. Produktionsstandorte verlagerten sich in die ganze Welt, die Telekommunikationsindustrie veränderte sich dramatisch. Klamotten, Dienstleistungen – alles wurde plötzlich am anderen Ende der Welt billiger hergestellt. Wir haben in internationalen Konzernen erlebt, wie Globalisierung funktioniert, Umstrukturierungen bei Tochtergesellschaften in anderen Ländern mitgestaltet, das Leben auf anderen Kontinenten erfahren und in Grenzregionen studiert. Wir haben Bruchkompetenz. Wir haben gelernt, uns zu kümmern.

Wandel und Veränderung erlebten wir nicht nur in unseren Elternhäusern. Wir haben ihn in der Welt erfahren, und wir haben gelernt, dass Veränderungen immer auch Übergänge sind. Solche Übergänge müssen gut gesteuert werden – unabhängig davon, ob sie in Staaten, Konzernen, Handwerksfamilien, Arbeiterfamilien oder Vereinen stattfinden. All das beginnt mit einem Gespräch. Es braucht den Dialog. Veränderung geht nur *mit* den Menschen – nicht gegen sie oder über ihre Köpfe hinweg. Wir haben gelernt, dass keine Veränderung von heute auf morgen erfolgreich funktioniert und dass es immer emotional wird. Wenn sich Dinge ändern, kann das beunruhigen, verunsichern, Ungeduld hervorrufen, Hoffnung schüren und Menschen veranlassen, sich an gute oder weniger gute Erfahrungen zu erinnern.

Wir erleben, dass die Menschen in der Lausitz einen ungeheuren Gesprächsbedarf haben, sich hin- und hergerissen fühlen und die komplexen politischen Meinungs- und Entscheidungsprozesse oft nicht nachvollziehen können – manche scheinen es auch nicht zu wollen. Das muss ausgehalten werden. Der Strukturwandel ist eine Operation am offenen Herzen der Region. Das Leben geht weiter – Menschen bekommen Kinder, arbeiten, machen sich selbständig oder ihre Abschlüsse. Und dann auch noch dieser Strukturwandel.

Im Februar 2020 wurde der Lausitz-Monitor[2] veröffentlicht. Die Ergebnisse sind aufschlussreich und geben uns Orientierung für die weitere politische Arbeit. Gemäß dem Lausitz-Monitor befürworten 68 Prozent der Menschen einen tiefgreifenden Strukturwandel und 52 Prozent empfinden diesbezüglich eine hohe Dringlichkeit. Sie wissen: Es wird und muss etwas Neues kommen. Sie halten Veränderung für notwendig und wollen sie. Dem gegenüber stehen 49 Prozent, die den Kohleausstieg ablehnen. 46 Prozent der Befragten sind unentschieden, ob der Strukturwandel wirklich so dringlich ist. Diese 49 beziehungsweise 46 Prozent wollen (noch) nicht akzeptieren, dass die Kohleindustrie weichen muss und es etwas Neues geben wird.

Die Lausitz wirkt gespalten bei der Frage: Wandel – ja oder nein? Das liegt auch daran, dass es kein gemeinsames Ziel gibt. Wir brauchen eine starke Vision davon, wie wir leben wollen in den nächsten Jahrzehnten. Deshalb war es uns wichtig, dass die Zukunftsstrategien auch im Görlitzer Kreistag besprochen werden, und wir haben dies in öffentlichen Briefen und Statements immer wieder gefordert. Auf unser Bemühen hin wurde im Oktober 2020 zum ersten Mal die »Entwicklungsstrategie Lausitz 2050« im Kreistag thematisiert.[3]

Beunruhigend sind unseres Erachtens folgende Zahlen: 48 Prozent der Befragten sind der Meinung, dass der Strukturwandel nur langsam vorankommt, und nur 26 Prozent denken, dass der Wandel erfolgreich sein wird. 67 Prozent sind unentschieden, ob die anstehenden Veränderungen tatsächlich erfolgreich sein werden. Sieben Prozent denken, dass der Wandel scheitern wird. Das ist alarmierend, denn es zeigt die Skepsis und das Misstrauen in die Institutionen, die für den Wandel zuständig sind. Nur 28 Prozent sehen den Veränderungsprozess als zielgerichtet an. Ein Plan und eine Strategie scheinen nicht sichtbar und erlebbar zu sein. 87 Prozent wünschen sich mehr Unterstützung von der Politik. Nur vier Prozent der Befragten geben an, dass die Politik genug getan habe. Das ist verwunderlich angesichts der vielen Dinge, die sich tatsächlich verändert haben, und ob der »Kümmergesten« der sächsischen Politik in den letzten 30 Jahren. Noch immer werden Ministerialbeamte und – auch zumeist männliche – Politiker, nicht müde, in die Regionen zu reisen mit Fördermittelschecks in der Tasche, für ein Foto mit den Regionalzeitungen, um die Steuergelder großzügig an Kitas, die Feuerwehr oder Schulen zu übergeben. Das wird zelebriert, als ob es Preisgelder und keine Steuergelder wären. Und es hat offenbar nicht dazu beigetragen, den Menschen in der Region das Vertrauen zu vermitteln, dass die Regierung oder der Landrat einen solchen Strukturwandel hinbekommen. Es hat noch etwas anderes wachsen lassen: einen ungesunden

Opportunismus, geboren aus dem Gefühl – und der Realität – von Abhängigkeiten. Das ist für unsere Demokratie mehr als besorgniserregend. Intransparenz und gutsherrenartiges Gebaren politischer Verantwortungsträger:innen haben auch Wut produziert.

Die Aufgabe in den nächsten Monaten und Jahren wird sein, Institutionen für den Strukturwandel zu schaffen, die ansprechbar sind und deren Verantwortungsbereich klar ist. Entscheidungskriterien sollten benannt und mit den Zielen verknüpft werden. Es braucht zudem transparente und effiziente Prozesse und Möglichkeiten für die Zivilgesellschaft, sich zu beteiligen. Wir haben immer wieder Vorschläge gemacht: So haben wir im März 2020 der bündnisgrünen Landesdelegiertenkonferenz in Annaberg-Buchholz einen Antrag zum Strukturwandel vorgelegt, der einstimmig angenommen wurde. Wir haben in öffentlichen Gastbeiträgen und Pressestatements sowie in Arbeitsgesprächen mit Ministerpräsident Michael Kretschmer, mit dem Beauftragten für Strukturentwicklung in Sachsen und mit dem zuständigen Staatsminister für Regionalentwicklung darauf hingewiesen. Wir haben Gespräche zu diesen Themen mit dem Landrat von Görlitz geführt, schriftliche Anfragen an den Landkreis und im Landtag gestellt und die Fragestunden im Kreistag genutzt.

Wir sehen unsere Aufgabe darin, Menschen dabei zu unterstützen, sich in das gesellschaftliche Leben hörbar und sichtbar einzubringen, ihre Anliegen öffentlich zu verhandeln, ihre Argumente zu finden, vorzutragen und zu verbreiten. Dazu zählt auch eine Bürgerinitiative, die einen weiteren Kuhstall 300 Meter vor ihren Häusern nicht haben will und nicht akzeptiert, dass der Bürgermeister und der Gemeinderat dem zugestimmt haben, obwohl es die Bürgerinitiative und ihren Protest schon seit Jahren gibt.

Dazu gehören Menschen, die sich nicht gut informiert fühlen über das in Niesky geplante Bahn-Testzentrum. Sie wissen, dass irgendjemand gerade prüft, ob eine Bahntrasse über ihren Acker gelegt werden kann, und fragen sich: Warum wird uns das nicht mitgeteilt? Warum wissen wir nicht, was gerade geprüft wird? Womit müssen wir rechnen? Warum versteht die Verwaltung nicht, dass wir wissen möchten, was mit unserem Haus passieren könnte? Warum wird erst informiert, wenn etwas entschieden ist und wir nichts mehr tun können?

Wir hören zu, vernetzen Menschen, Vereine und Unternehmen in der Region oder auch überregional und wir versuchen, Prozesse zu erklären und Informationen zu beschaffen. Wir unterstützen beim Verfassen von Texten, nutzen unsere verschiedenen politischen Rollen als Landtagsabgeordnete, Kreisrätin, sachkundige Bürgerin im Kreisentwicklungsausschuss, Vorsitzende der Bündnisgrünen im Landkreis Görlitz und Mitglied im sächsischen Landesvorstand von Bündnis 90/Die Grünen. Zudem organisieren wir Workshops, in denen wir uns mit Sprache, Rhetorik und dem Umgang mit Hass und Hetze auseinandersetzen.

Wir möchten Menschen ermächtigen und ermutigen, Verantwortung zu übernehmen – ob als Bürgermeister:in oder in einer Bürgerinitiative, als Demonstrierende oder Fragende beim Stadtrat. Wenn Stadträt:innen ein Mobilitätskonzept fordern und Bürger:innen in der Bürgerfragestunde dazu Ideen vortragen, wächst der Druck, dass sich etwas verändern muss. Zu oft denken die Bürger:innen, dass ihre Fragen im Stadtrat oder Kreistag doch sowieso keinen Unterschied machen. Wir werben aber immer wieder für diese kleinen Schritte. Gemäß Lausitz-Monitor würden 44 Prozent der Befragten ihre persönliche Situation mit der Note Eins oder Zwei bewerten. Sie scheinen zufrieden zu sein mit ihrem Leben. Staat und Politik sind ganz weit weg.

Wir erhalten aber auch emotionsgeladene Briefe, E-Mails und Nachrichten in den Sozialen Medien. Wir bleiben sachlich, laden zum Gespräch ein. Wir wollen nicht erzählen, wie die Welt ist. Wir hören zu und nehmen mit und versuchen den Dialog. Das politische Klima in unserer Region ist schwierig und nicht durch eine große Vielfalt geprägt. Alte Seilschaften blockieren viel zu oft den gemeinwohlorientierten Wandel und verweigern regelrecht die Auseinandersetzung mit neuen Konzepten. Das Augenverschließen vor dem Wandel, die Ablenkung und das mediale Getöse und »Schießen« gegen Andersdenkende, gegen das Neue, gegen vielfältige Perspektiven sind der Rahmen, in denen sich die Wandlungsprozesse letztendlich hier abspielen. Wir leben in einer Region, in der sich diejenigen rechtfertigen müssen, die gegen Massentierhaltung, gegen Kohle und gegen Rechts stehen. Und die Methoden der Rückwärtsgewandten sind oftmals öffentliche Diffamierungen, Bedrohungen, Hetze und auch Gewalt. Es braucht ein ständiges Gegenhalten und das Angebot, miteinander zu sprechen. Wir erleben einen großen Gesprächsbedarf und immer wieder auch den Drang bei den Menschen, sich für eine Seite entscheiden zu müssen oder zu wollen – es nicht auszuhalten, dass es nicht sofort eine Lösung gibt. Da hilft es nur, im Gespräch zu bleiben.

Wir versuchen, bei unserer Arbeit immer auch sichtbar zu machen, dass wir Menschen sind, Eltern und Familien haben, uns Gedanken machen und Gefühle haben. Wir sind keine Roboter oder Automaten. Engagement ist nie neutral. Engagement kann nie unpolitisch sein. Politik heißt, sich um das Gemeinwesen zu kümmern. Es geht um etwas. Nein, es geht um alles. Wir können uns jeden Tag entscheiden und gemeinsam gute Wege und Lösungen suchen.

Anmerkungen

1 Saxony5 ist ein Verbund aus Hochschulen (Hochschule Zittau/Görlitz, Hochschule für Technik und Wirtschaft Dresden, Hochschule für Technik, Wirtschaft und Kultur Leipzig, Hochschule Mittweida, Westsächsische Hochschule Zwickau) sowie verschiedenen externen Partnern (Fraunhofer IPMS, ICM – Institut Chemnitzer Maschinen- und Anlagenbau e.V., TechnologieZentrum Dresden GmbH, Wirtschaftsförderung Erzgebirge GmbH, Cinector GmbH, Volkshochschule Dreiländereck und NABU – Landesverband Sachsen).
2 Dr. Jörg Heidig und Stefan Bischoff: Lausitz-Monitor. Ergebnisse. https://lausitz-monitor.de/ (zuletzt abgerufen am 25.9.2020).
3 Wirtschaftsregion Lausitz GmbH: Entwicklungsstrategie Lausitz 2050, Ausgabe vom 7.10.2020 im Kreistag Görlitz.

Autorinnen und Autoren sowie weitere am Buch Beteiligte im September 2020 vor dem Brandenburgischen Landesmuseum für moderne Kunst im Dieselkraftwerk Cottbus

Anhang

Dank

Dieses Buch entstand in dem vom Bundesministerium für Bildung und Forschung geförderten Projekt »Sozialer Strukturwandel und responsive Politikberatung in der Lausitz« (Förderkennzeichen: 03SF0561) am Institut für Advanced Sustainability Studies in Potsdam (IASS). Wir sind unseren Kolleg*innen Konrad Gürtler, Jeremias Herberg, Paul Jerchel, Karen Leppien, Victoria Luh, Patrizia Nanz, Tabea Selleneit und Felix Wagenitz in Potsdam zu großem Dank für ihre Geduld und ihre kritische Begleitung verpflichtet. Tine Jurtz ist als Fotografin zur unverzichtbaren Begleiterin für uns geworden, deren Bilder dieses Buch so schön zusammenhalten. Auch möchten wir allen ehemaligen Mitstreiter*innen, insbesondere Evelyn Bodenmeier, Katja Müller, Heiko Nowak, Maria Strohbach und Katrin Uhlemann von der Zukunftswerkstatt danken, über deren Arbeit wir viele Kontakte in die Region bekamen. Unser Austausch mit euch war ein langes Ringen um die vielfältigen Wege in den Strukturwandel. Es hat sich gelohnt.

Ohne den wunderbaren Ch. Links Verlag, insbesondere Jana Fröbel und Christoph Links, wäre dieses Buch nicht entstanden. Mit eurem beherzten Umsetzungsmut bei gleichzeitiger Geduld ob der unzähligen Schleifen seid ihr unverzichtbarer Teil dieses Buches.

Mit besten Grüßen geht dieses Buch auch an die Abteilungsleiter Dr. Klaus Freytag (Staatskanzlei Brandenburg), Dr. Stephan Rohde (Staatsministerium für Regionalentwicklung Sachsen), Heiko Jahn (Wirtschaftsregion Lausitz GmbH) und ihre Mitarbeiter*innen, die mit uns viel über die Entwicklungspfade des Strukturwandels gesprochen haben. Wir danken ebenfalls Dr. Karl-Eugen Huthmacher (Germanwatch), Claudia Hein (BMBF), Dr. Tillman Bruns und Gökhan Dereli (Projektträger Jülich) für die geduldige und anspornende Begleitung unseres Projekts und der Arbeit an diesem Buch.

Der größte und wichtigste Dank gebührt aber den Lausitzer*innen, die – ob als Autor*innen, Interviewpartner*innen, Begleiter*innen oder kritische Kommentator*innen – mit uns im Gespräch waren.

Die Beteiligten

ANGELINA BURDYK, 1975 in Kasachstan geboren, lebt seit dem Jahr 2000 in Deutschland und seit 2004 in der Oberlausitz (Schmölln-Putzkau). Sie ist Vorsitzende des Mosaika e.V. in Bischofswerda. Von Aussiedlern gegründet, schafft der Verein Kunst- und Freizeitangebote für Kinder und Erwachsene. www.mosaika-biw.de

KARSTEN FEUCHT, 1965 in Stuttgart geboren, beschäftigt seit seinem Studium der Architektur, Regionalentwicklung und Soziologie die Frage, wie sehr unsere Wahrnehmung und Kommunikation Raum definiert und herstellt und welche Rollen Kunst und Kultur dabei spielen. Zur Moderation räumlicher Entwicklungsprozesse hat er gemeinsam mit seinem Künstlerkollegen Rainer Düvell die Wahrnehmungswerkstatt® entwickelt. Auf dieser Grundlage arbeitet er seit rund 20 Jahren in der Lausitz: bei der Internationalen Bauausstellung IBA Fürst-Pückler-Land, dem Aufbau des Besucher- und Kompetenzzentrums excursio und als Projektleiter im IBA-Studienhaus mit Projekten und Weiterbildungen zu Industriekultur, Sonderformaten der Regionalentwicklung sowie Kunst und Kultur als Entwicklungsmotor.

Mit seinem eigenen Büro transform zur Gestaltung räumlichen Wandels bietet er Wahrnehmungswerkstätten®, skulpturale Wege- und Wahrnehmungslenkung, Freiluftausstellungen und Kunst am Bau. Er ist Mitbegründer und Mitglied des Vereins Lausitzer Perspektiven.

MARKUS FÜLLER, 1963 in Peine (Niedersachsen) geboren, ist ausgebildeter Großhandelskaufmann, diplomierter Volkswirt, gelernter Journalist. Er lebt und arbeitet seit 1995 in der Lausitz. Seit 2014 ist er Mitinhaber der Kommunikationsagentur Füller & Krüger Strategische Beratung, mit der er zahlreiche Beteiligungsprozesse konzipiert und umgesetzt hat, außerdem Vorstandsmitglied des im August 2020 gegründeten Instituts für angewandte Beteiligung (ifab) mit Sitz in Spremberg.

JULIA GABLER, 1979 in Rostock geboren, ist Soziologin und arbeitete bis November 2020 im Forschungsprojekt »Sozialer Strukturwandel und responsive Politikberatung in der Lausitz« am IASS in Potsdam. Im Oktober 2020 übernahm sie die Vertretungsprofessur Management Sozialen Wandels an der Hochschule Zittau/Görlitz. Sie lebt in Görlitz und hat ihr Büro im Kühlhaus Görlitz, von wo aus es sich gut über Potenziale des Strukturwandels nachdenken und schreiben lässt.

FRAUKE HAUPENTHAL, 1988 in Saarbrücken geboren, ist Politikwissenschaftlerin und Projektmanagerin im Projekt »Sozialer Strukturwandel und responsive Politikberatung in der Lausitz« am IASS in Potsdam. Außerdem erstellt sie Inhalte für ihre politisch-feministischen Kanäle chicksonpolitics bei Twitter und Instagram. Sie lebt in Berlin.

JAN HUFENBACH, 1962 in Flensburg geboren, stieg nach einer Lehre zum Einzelhandelskaufmann rasant zum Geschäftsführer einer Boutique auf Sylt auf. Es kamen turbulente Jahre, in denen er als Redaktionsassistent bei Radio FFN, als Consultant Sponsoring und schließlich als Senior Consultant Corporate Investigations arbeitete. 2008 absolvierte er eine Ausbildung zum Sounddesigner. Heute lebt er in Klein Priebus an der Neiße und betreibt neben einer Kreativagentur gemeinsam mit Arielle Kohlschmidt die Raumpionierstation Oberlausitz. www.raumpioniere-oberlausitz.de

FABIAN JACOBS, 1977 in Dresden geboren und in Bautzen aufgewachsen, ist Ethnologe am Sorbischen Institut in Bautzen/Budyšin, wo er als Sprecher des Forschungsschwerpunkts »Lebensweisen in der Lausitz im 21. Jahrhundert« verschiedene in der Lausitz verortete Begleitforschungsprojekte leitet. Er spielt Kontrabass bei Serbska reja und im Sorbischen Folkloreensemble in Schleife/Slepo. Er lebt in Leipzig.

THERESA JACOBS, 1980 in Bautzen geboren, ist wissenschaftliche Mitarbeiterin am Sorbischen Institut in Bautzen/Budyšin. Ihre Forschungsfelder sind in der Musik- und Tanzwissenschaft sowie der Vergleichenden Minderheitenforschung angesiedelt. Parallel ist sie als freie Projekt- und Produktionsleiterin für Zeitgenössischen Tanz tätig. Sie lebt in Leipzig.

ANNETT JAGIELA, 1977 in Görlitz geboren, studierte Politikwissenschaften in den USA, Berlin und Prag und arbeitete für einen internationalen Konzern, bevor sie in die Politik wechselte. Sie war Referentin der Fraktionsgeschäftsführung für die Bundestagsfraktion von Bündnis 90/Die Grünen, leitete das Büro eines Bundestagsabgeordneten und 2019 die Oberbürgermeisterin-Wahlkampagne »Franziska für Görlitz«. Heute ist sie Sprecherin des Kreisverbands Görlitz und Mitglied des Landesvorstands von Bündnis 90/Die Grünen in Sachsen. Sie leitet das Regionalbüro von Franziska Schubert und arbeitet als Systemische Organisationsberaterin.

TINE JURTZ, 1983 in Bad Muskau geboren, ist freiberufliche Fotografin in den Bereichen Businessporträt, Image und dokumentarische Veranstaltungsbegleitung. Nach 13 Jahren in Dresden und München kehrte sie in die Lausitz zurück und trägt mit ihrer Arbeit zu einem positiven Bild der Region bei. Sie lebt heute wieder in Bad Muskau.

MANUELA KOHLBACHER, 1972 in Altdöbern geboren, leitet das Kompetenzzentrum in Forst. Sie arbeitet seit mehr als 15 Jahren in der Prozessberatung in Bezug auf Kommunikation, Konflikt- und Veränderungsmanagement sowie Moderation und Mediation. Dabei berät sie Unternehmen, soziale Träger, Institutionen und Einzelpersonen. Außerdem ist sie Vorstandsmitglied von »Kreative Lausitz« und des im August 2020 gegründeten Instituts für angewandte Beteiligung (ifab) mit Sitz in Spremberg.

ARIELLE KOHLSCHMIDT, 1977 in Cottbus geboren, studierte nach dem Abitur in Berlin Psychologie. Als »Bernd, das Brot« und der Kinderkanal in ihr Leben traten, brach sie das Studium ab. Sie lernte autodidaktisch Schreiben, Design, Filmdramaturgie, Filmschnitt und Programmieren und gründete 2003 eine Kreativagentur. Seit 2009 lebt sie in Klein Priebus an der Neiße, absolvierte eine Ausbildung zur Yoga- und Meditationslehrerin und gründete 2015 gemeinsam mit Jan Hufenbach die Raumpionierstation Oberlausitz. www.raumpioniere-oberlausitz.de

DANIEL KRÜGER, 1974 in Cottbus geboren, ist Ethnologe und tätig im Mobilen Beratungsteam von demos – Brandenburgisches Institut für Gemeinwesenberatung. Mit Kolleg*innen berät er in der Niederlausitz kommunale Verwaltungen, politische und zivilgesellschaftliche Akteure zu Fragen der Demokratieentwicklung, Beteiligung und Rechtsextremismusprävention im Gemeinwesen.

DAVID LÖW BEER, 1982 in Frankfurt am Main geboren, ist Ökonom und Erziehungswissenschaftler im Projekt »Sozialer Strukturwandel und responsive Politikberatung in der Lausitz« am IASS in Potsdam. Er forscht zu Legitimität, Bildung und Jugendbeteiligung im Rahmen des Kohleausstiegs und lebt in Berlin-Neukölln.

ANJA NIXDORF-MUNKWITZ, 1979 in der Lausitz geboren, studierte Kultur und Management an der Hochschule Zittau/ Görlitz sowie Schutz Europäischer Kulturgüter an der Europa-Universität Viadrina Frankfurt (Oder) und ist Geschäftsführerin der von ihr gegründeten Stiftung Kraftwerk Hirschfelde. Zudem ist sie als Beraterin und Autorin tätig und engagiert sich mit ihrer Regio-Bewegung »Ein Korb voll Glück« für Nachhaltigkeit. Zusammen mit ihrem Mann lebt sie in einem Umgebindehaus in der Nähe von Zittau.

STEFAN NOLTE, 1965 in Geldern (Niederrhein) geboren, ist freier Regisseur mit Faible für ortspezifische Stadtprojekte und recherchebasierte Stückentwicklungen. Seit mehr als 20 Jahren Inszenierungen unter anderem am Staatsschauspiel Dresden, am Theater Dortmund und am Theater Freiburg; freie Projekte zum Beispiel in Peenemünde, Bitterfeld, Zittau, Zürich und Berlin. Außerdem ist er als Dozent an Hochschulen tätig, künstlerischer Leiter von »Modellfall Weißwasser« (2018–2020), Mitgründer des Theater Provinz Kosmos e.V. und des Theaterkollektivs Recherchepraxis GbR. Er lebt in Berlin. stefannolte.de, www.modellfall-weisswasser.de

DAGMAR SCHMIDT, 1968 in Stuttgart geboren, unterstützt als Sozialökonomin und partizipative Programmentwicklerin Strukturen für eine alternative Wirtschaftsförderung und begleitet Beteiligungsprozesse für die nachhaltige Regionalentwicklung. Sie führte 2014 die Analyse »Plan A für die Lausitz« im Auftrag der European Climate Foundation durch, ist Vereinsvorsitzende von Lausitzer Perspektiven und lebt in der Niederlausitz.

SÎNZIANA SCHÖNFELDER, 1982 in Pitesti (Rumänien) geboren, studierte Orthodoxe Theologie und Sozialpädagogik in Rumänien sowie Sozialwissenschaften und Wirtschaftsethik in Zittau (Deutschland). Im Sommer 2017 stieß sie zum Projekt »Geschlechtersensible Willkommenskultur im Landkreis Görlitz« und entwickelte Formate zur Berücksichtigung von Frauen im Landkreis Görlitz. Hieraus entstand der Kurzfilm »Land leben. Land lieben«, den sie gemeinsam mit dem Filmemacher René Beder produzierte. Neben ihrer wissenschaftlichen Tätigkeit am zur Technischen Universität Dresden gehörenden Internationalen Hochschulinstitut (IHI) Zittau erforscht sie am TRAWOS – Institut für Transformation, Wohnen und soziale Raumentwicklung der Hochschule Zittau/Görlitz religionssensible Integrationskultur in Ostsachsen. Sie lebt in Herrnhut.

FRANZISKA SCHUBERT, 1982 in Löbau geboren und aufgewachsen in Neugersdorf. Die Wirtschafts- und Sozialgeographin ist Fraktionsvorsitzende und haushalts- und finanzpolitische Sprecherin von Bündnis 90/Die Grünen im Sächsischen Landtag. Ebenso ist sie Kreisrätin im Landkreis Görlitz und Neulandgewinnerin der Robert-Bosch-Stiftung. Sie hat einige Vereine gegründet: beispielsweise das Zukunftsnetzwerk »Bündnis Zukunft Oberlausitz«, den LEBENs(T)RÄUME e.V. in Ebersbach-Neugersdorf sowie den GründerZeiten e.V. Franziska Schubert kandidierte 2019 mit einem breiten Bürger*innen-Bündnis als Oberbürgermeisterin für Görlitz.

JOHANNES STAEMMLER, 1982 in Dresden geboren, ist Politikwissenschaftler am IASS in Potsdam. Dort leitet er das Projekt »Sozialer Strukturwandel und responsive Politikberatung in der Lausitz«, in dessen Rahmen dieses Buch entstanden ist.

Er wurde an der Hertie School of Governance promoviert. Er ist Mitgründer der Initiative »Dritte Generation Ostdeutschland« und lebt in Berlin-Weißensee.

MAXIMILIAN VOIGT, 1988 in Bonn geboren, ist Mitglied, ehemaliger Vorstand und Mitbegründer des FabLab in Cottbus, arbeitet aktuell für die Open Knowledge Foundation Deutschland e.V. in den Bereichen Offene Bildung und Open Hardware und lebt in Berlin. now-bb.de

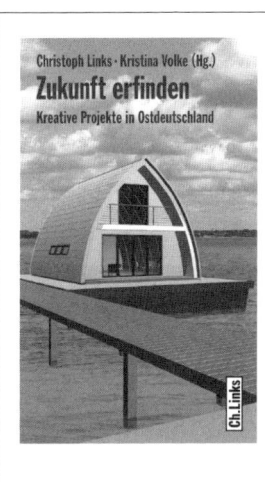

Christoph Links,
Kristina Volke (Hg.)
Zukunft erfinden
Kreative Projekte
in Ostdeutschland

240 Seiten, 32 Abb., Broschur
ISBN 978-3-86153-542-3
18,00 € (D); 18,50 € (A)

Im Umgang mit Krisen hat der Osten Erfahrung: Der gesellschaftliche Umbruch nach 1989 brachte nicht nur Verbesserungen, sondern auch ungeahnte ökonomische, demographische und soziale Probleme, für die es bisher kaum befriedigende Lösungen gibt. Wo die große Politik eher ratlos scheint, haben Menschen vor Ort die Krise als Herausforderung begriffen und neue Wege beschritten. In der internationalen Debatte werden sie »changemaker« genannt. Im vorliegenden Buch werden 30 Projekte und Akteure aus den unterschiedlichsten Bereichen vorgestellt, die kreativ und unkonventionell Veränderungen in Gang setzen. Berichtet wird von neuen lokalen Energiekonzepten und ungewöhnlichen Nutzungsideen für leerstehende Häuser, von Modellversuchen mit Bürgerarbeit und Belegschaftsinitiativen zur Übernahme stillgelegter Betriebe, von Regionalwährungen und Medizinnetzwerken, von Kulturprojekten und umgewandelten Landschaften.

www.christoph-links-verlag.de

Petra Köpping
Integriert doch erst mal uns!
Eine Streitschrift für den Osten

5. Auflage
208 Seiten, Broschur
ISBN 978-3-96289-009-4
18,00 € (D); 18,50 € (A)

Warum sind das Misstrauen und die Distanz zu Demokratie und Politik in Ostdeutschland so groß? Woher kommt all die Wut? Das fragt die sächsische Integrations- und Gleichstellungsministerin Petra Köpping. »Integriert doch erst mal uns!«, hat sie in Gesprächen mit Bürgern und Pegida-Anhängern immer wieder gehört. Sie fordert eine gesamtdeutsche Aufarbeitung der Nachwendezeit. In unbewältigten Kränkungen und Ungerechtigkeiten, in Lebensbrüchen und Entwurzelungen der 1990er-Jahre sieht sie eine wesentliche Ursache des heutigen Dilemmas. Ausführlich geht sie auf viele Probleme ein, die damals ausgeblendet oder verdrängt wurden – von der verfehlten Treuhand-Politik über den Elitenaustausch bis hin zum Generalverdacht politischer Rückständigkeit, weil man in einer Diktatur gelebt habe. In ihrer Streitschrift wirbt sie für einen neuen Blick auf die Situation in Ostdeutschland und unterbreitet konkrete Vorschläge zur Verbesserung des Verhältnisses von Ost und West.

www.christoph-links-verlag.de

Andreas Leusink (Hg.)
Gundermann
Von jedem Tag will ich was haben, was ich nicht vergesse ...
Briefe, Dokumente, Interviews, Erinnerungen

4. Auflage
184 Seiten, 69 S/W-Abb.,
21 Farbfotos, Klappenbroschur
ISBN 978-3-96289-011-7
20,00€ (D); 20,60€ (A)

Gerhard Gundermann war Baggerfahrer und Liedermacher, Genosse und Rebell, Offiziersschüler und Befehlsverweigerer, Spitzel und Bespitzelter. Ein Weltverbesserer, der es nicht besser wusste. Ein Zerrissener. Er drängte immer nach vorn und eckte immer wieder an. Menschen wie ihn gibt es selten, aber überall.
Das Buch enthält viele bisher unveröffentlichte Texte und Fotos, Briefe und Erinnerungen, Dokumente und Interviews. Zugleich gibt es Einblick in die Entstehungsgeschichte des großen Kinofilms GUNDERMANN, der noch einmal neu auf ein verschwundenes Land blickt. Es ist nicht zu spät dafür. Es ist an der Zeit.

www.christoph-links-verlag.de

Kerstin Brückweh, Clemens Villinger, Kathrin Zöller (Hg.)
Die lange Geschichte der »Wende«
Geschichtswissenschaft im Dialog

2. Auflage
272 Seiten, 89 Farbfotos, Klappenbroschur
ISBN 978-3-96289-103-9
20,00€ (D); 20,60€ (A)

Wie haben Menschen in Ostdeutschland die letzten Jahre der DDR und den Systemwechsel erlebt? Wie haben sie die 1990er-Jahre bewältigt und gestaltet? Wie erinnern sie sich heute daran? Diesen Fragen ging die Forschungsgruppe »Die lange Geschichte der ›Wende‹. Lebenswelt und Systemwechsel in Ostdeutschland vor, während und nach 1989« aus mehreren Perspektiven nach.

Auf einer Dialogreise im Januar 2020 wurden im Sinne der »Citizen Science / Bürger schaffen Wissen« Zeitzeugen aktiv eingebunden. Die Künstlerin Clara Bahlsen und der Journalist Christian Bangel reisten als Beobachtende mit. Das Buch dokumentiert in einer ungewöhnlichen Verbindung von Wissenschaft, Zeitzeugenerinnerungen, Fotografie und Journalismus die Forschungsergebnisse, Reiseeindrücke und Erinnerungen an die Transformation in Ostdeutschland.

www.christoph-links-verlag.de